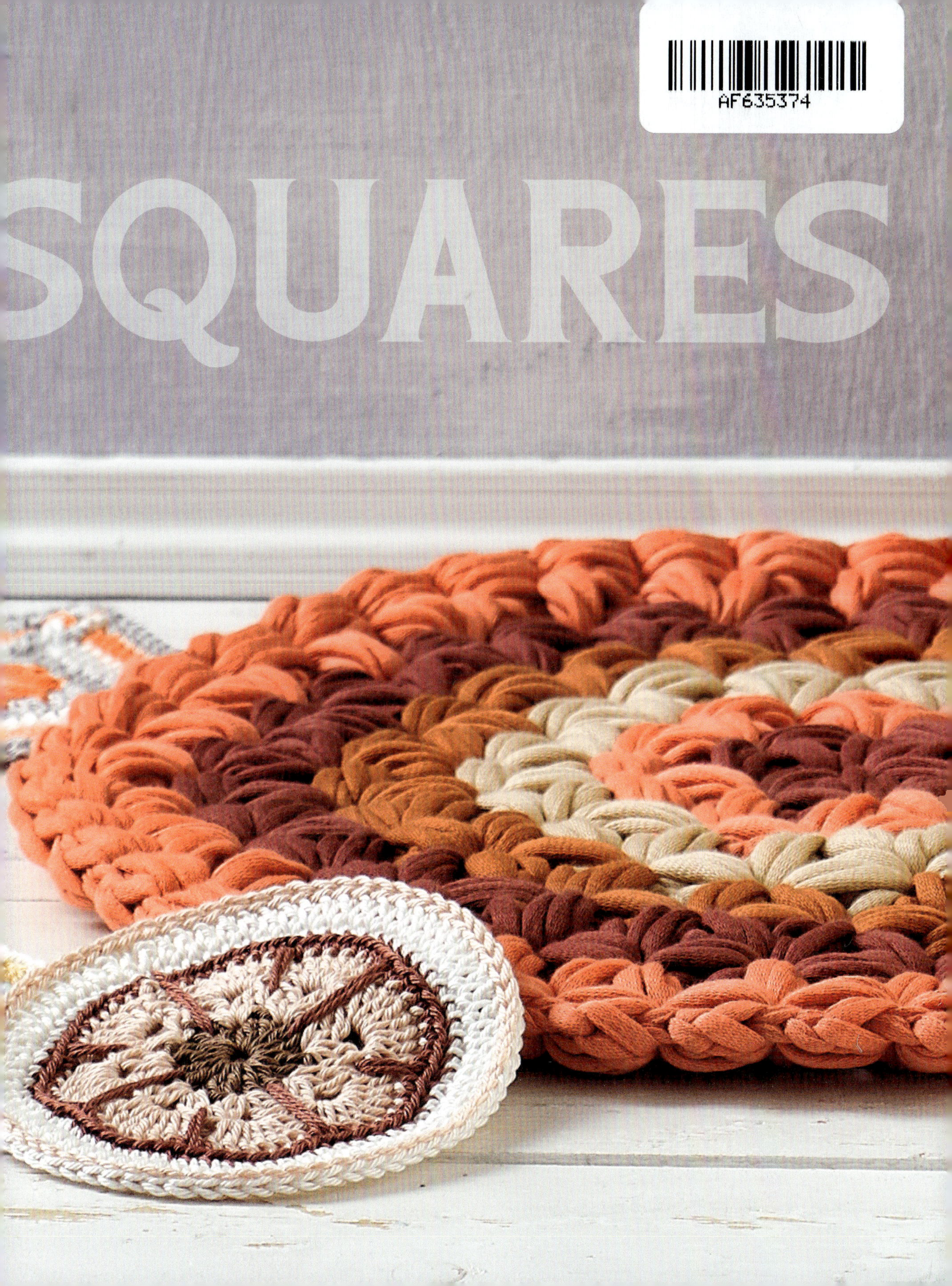
SQUARES

JENNIFER STILLER

GROSSARTIGE GRANNY SQUARES HÄKELN

MUSTER UND MODELLE

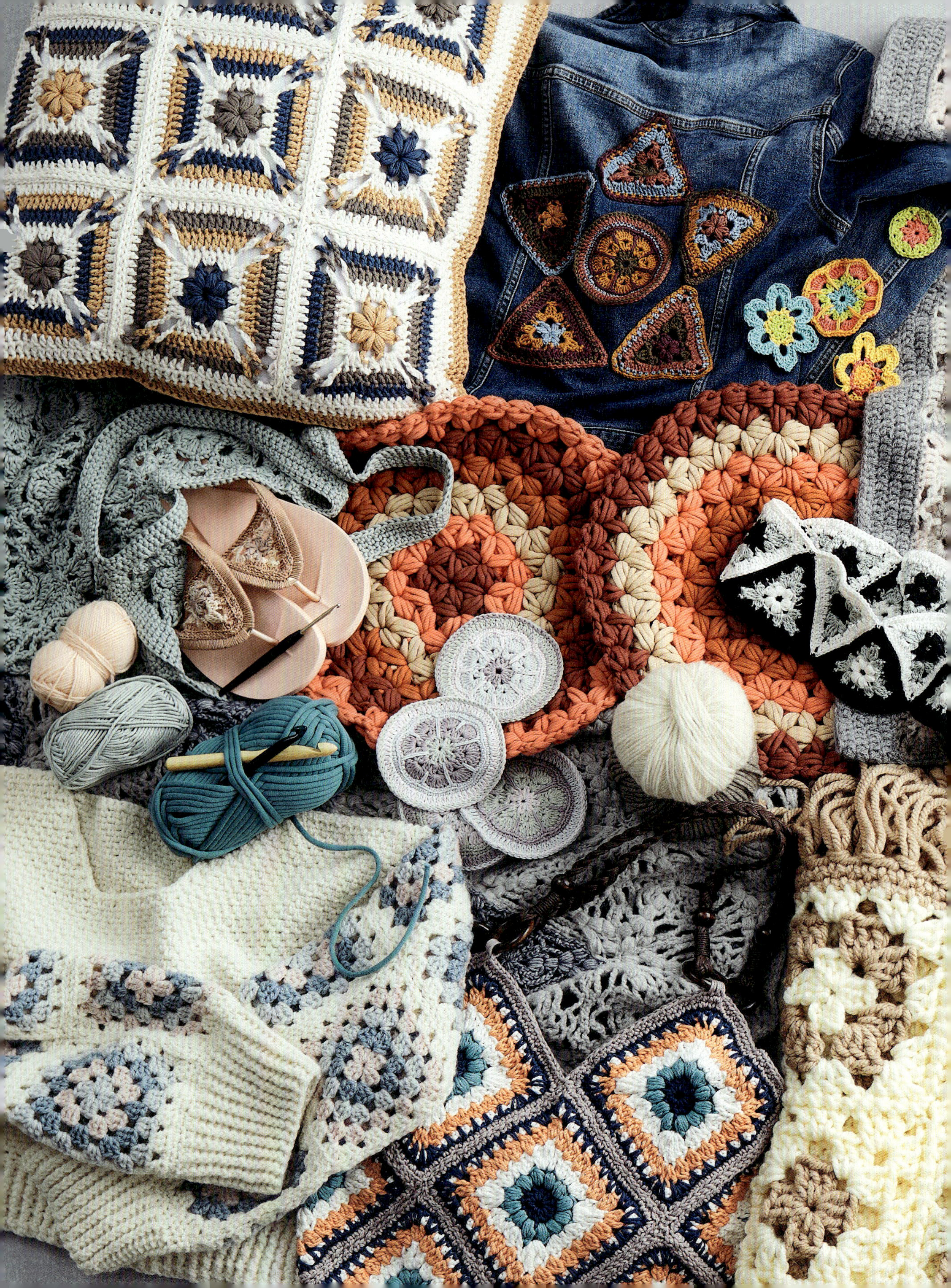

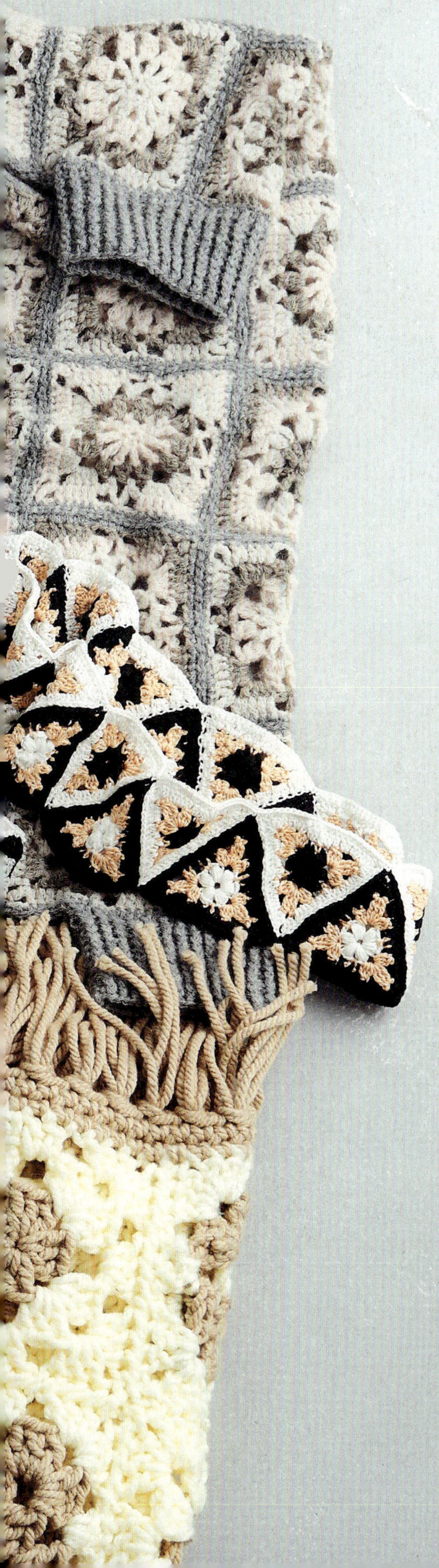

GRANNY SQUARES –

von Häkelfans auch liebevoll Grannies genannt, blicken auf eine lange Geschichte zurück. Schon 1891 werden sie in einem amerikanischen Magazin erwähnt. 1897 erschien die erste gedruckte Anleitung für ein Granny Square.

Ihren großen Auftritt hatten die bunten Designs Ende der 60er Jahre. Sie hielten Einzug in die bunte Modewelt der Hippies und brachten Farbe in die Wohnräume. Seither ist ihre Faszination ungebrochen, was sicherlich daran liegt, dass Grannies unendlich viele, kreative Möglichkeiten bieten.

Ein Granny Square wird immer von der Mitte nach außen in Runden gehäkelt. Wie genau das geht, wird in der Mustersammlung mit Häkelschriften, ausführlichen Texten und Step-Fotos erklärt.

Viele moderne Anwendungsbeispiele werden im Modellteil erklärt. Wunderschöne kleine und größere Projekte aus den Bereichen Kleidung, Accessoires und Wohnraum warten nur darauf, nachgehäkelt zu werden.

Dabei darf natürlich gerne mit Farben experimentiert und ganz nach individuellen Vorlieben kombiniert werden. Pastelltöne, ein kunterbunter Mix, Nuancen einer einzigen Farbe ... – alles sieht toll aus!

Viel Spaß beim Häkeln und Kreativsein!

Jennifer Stiller

GRANNY SQUARES

MODE

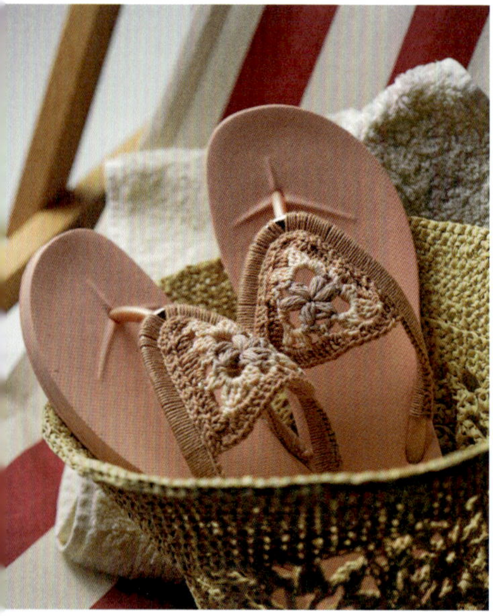
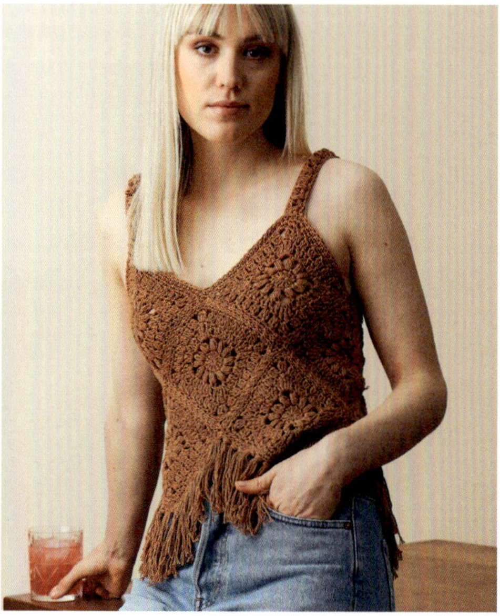
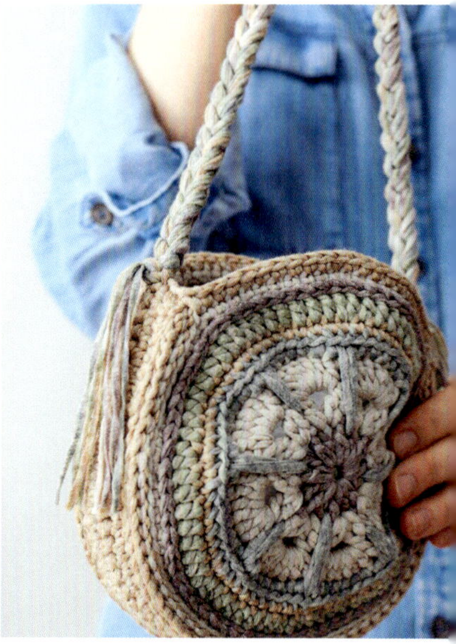

INTERIOR

ACCESSOIRES

DIE WICHTIGSTEN TECHNIKEN

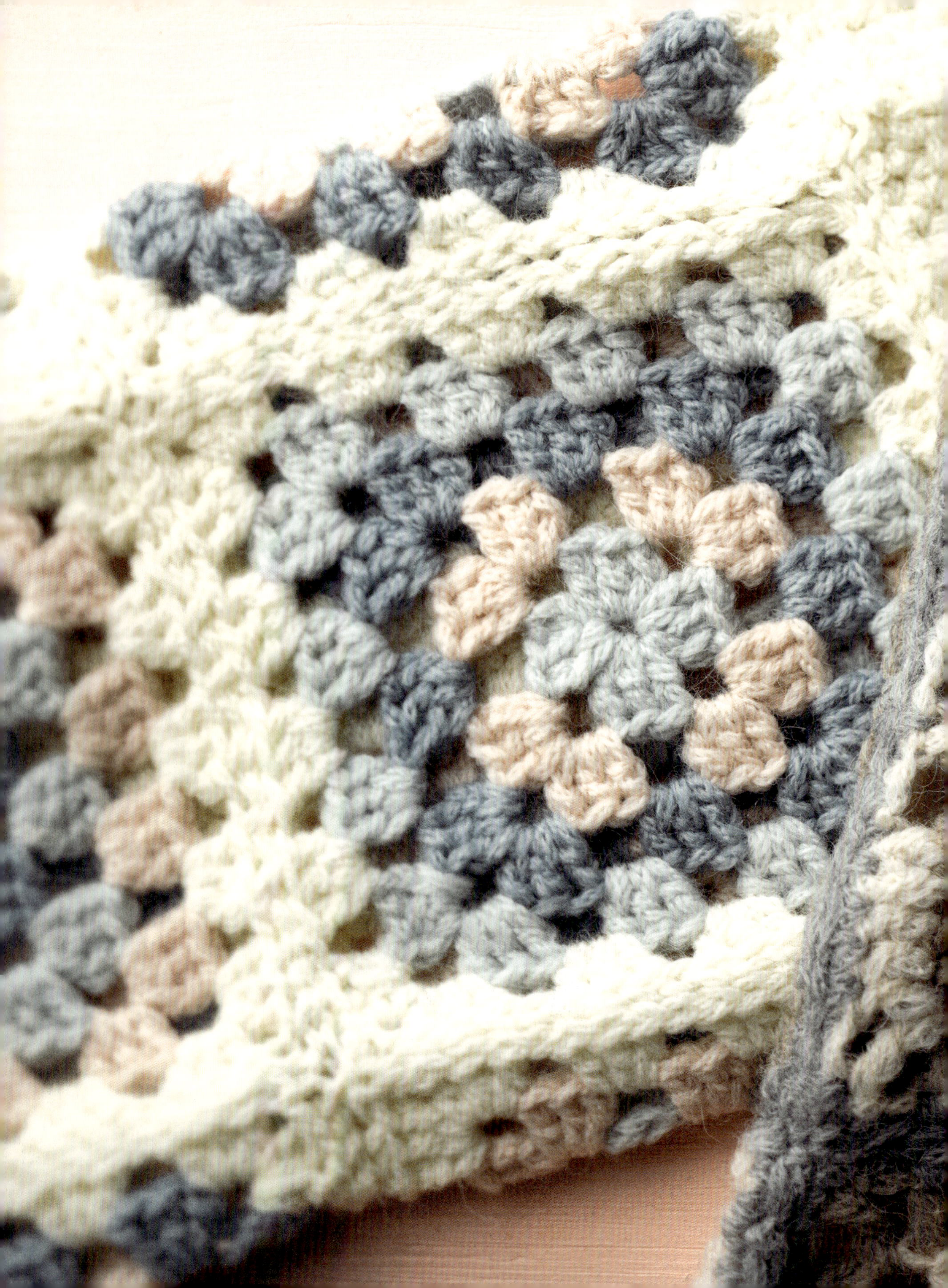

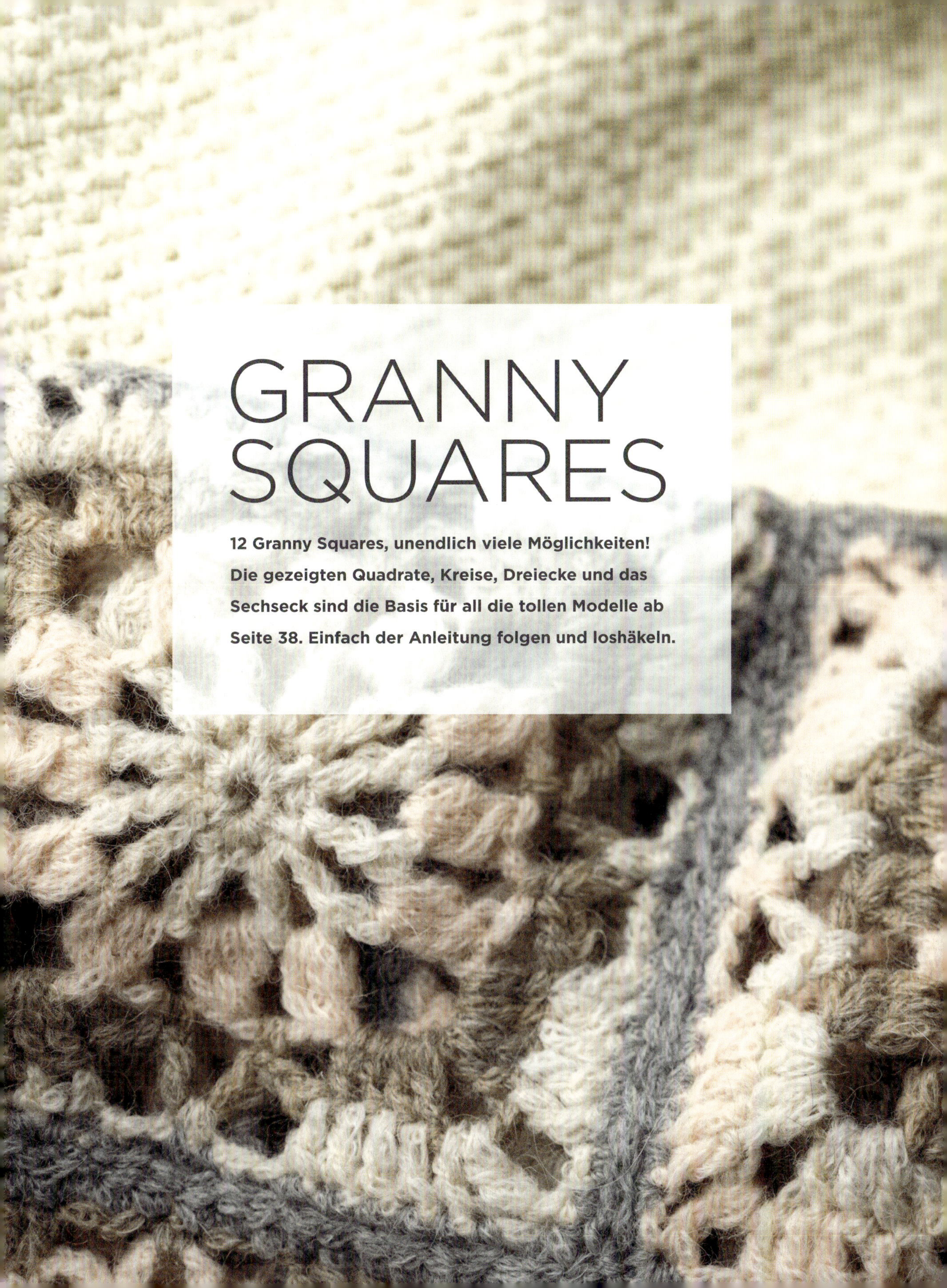

GRANNY SQUARES

12 Granny Squares, unendlich viele Möglichkeiten! Die gezeigten Quadrate, Kreise, Dreiecke und das Sechseck sind die Basis für all die tollen Modelle ab Seite 38. Einfach der Anleitung folgen und loshäkeln.

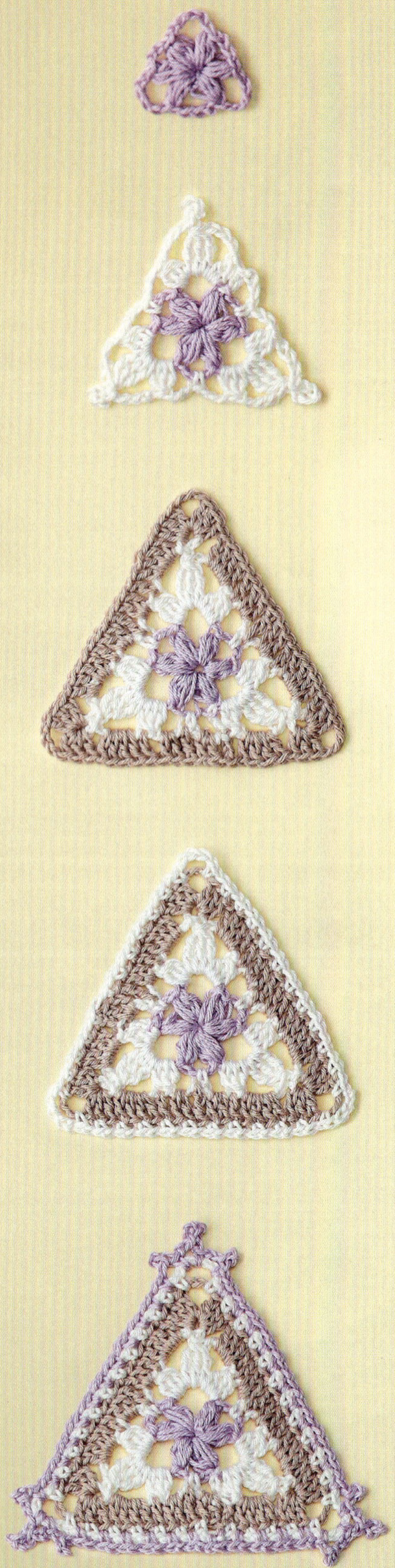

DREIECK 1

SCHWIERIGKEIT 2

GRÖSSE

ø 12,5 cm

MATERIAL

- Schachenmayr Catania (LL 125 m/50 g) in Natur (Fb 105), Bast (Fb 257) und Flieder (Fb 226), Reste
- Häkelnadel 3,0 mm

3ER-BÜSCHEL-MASCHE

* 1 U auf die Nd nehmen, in die M einstechen, den Faden durchholen. Ab * noch 2x wdh. Es liegen 7 Schlingen auf der Nd. Den Faden holen und durch alle 7 Schlingen ziehen.

KLEINES PICOT

3 Lm, dann 1 Km in die 1. Lm häkeln.

GROSSES PICOT

5 Lm, dann 1 Km in die 1. Lm häkeln.

FARBWECHSEL

Die letzte M der einen Fb schon mit der neuen Fb abmaschen, damit ein exakter Fb-Übergang entsteht. Achtung! Beginnt eine Rd mit 1 Lm und 1 fM, erfolgt der Fb-Wechsel erst mit der Lm der neuen Rd.

FARBFOLGE

1. Rd: Flieder, 2. Rd: Natur, 3. Rd: Bast, 4. Rd: Natur, 5. Rd: Flieder

ANLEITUNG

Gemäß Fb-Folge 6 Lm locker anschl und mit 1 Km zum Ring schließen.

1. Rd: * 1 Büschel-M, 5 Lm, 1 Büschel-M, 3 Lm, ab * noch 2x wdh. Die Rd mit 1 Km in die 1. Büschel-M schließen.

2. Rd: 1 Km, 3 Lm, 2 zusammen abgemaschte Stb um den Lm-Bogen, (4 Lm, 3 zusammen abgemaschte DStb, 1 großes Picot, 4 Lm, 3 zusammen abgemaschte Stb) um denselben Lm-Bogen. Dann * 3 Lm, 1 fM um den folgenden Lm-Bogen, (3 Lm, 3 zusammen abgemaschte Stb, 4 Lm, 3 zusammen abgemaschte DStb, 1 großes Picot, 4 Lm, 3 zusammen abgemaschte Stb) um den nächsten Lm-Bogen, ab * noch 1x wdh. 3 Lm, 1 fM um den folgenden Lm-Bogen, 3 Lm. Mit 1 Km in die 3 zusammen abgemaschten Stb schließen.

3. Rd: 3 Lm für 1 Stb, dann * 4 Stb um den folgenden Lm-Bogen, (3 Stb, 3 Lm,

3 Stb) in das Picot, 4 Stb um den folgenden Lm-Bogen, 1 Stb in das zusammen abgemaschte Stb, 2 Stb um den folgenden Lm-Bogen, 1 DStb in die fM, 2 Stb um den nächsten Lm-Bogen, 1 Stb in das zusammen abgemaschte Stb, ab * noch 1x wdh. 4 Stb um den folgenden Lm-Bogen, (3 Stb, 3 Lm, 3 Stb) in das Picot, 4 Stb um den folgenden Lm-Bogen, 1 Stb in das zusammen abgemaschte Stb, 2 Stb um den folgenden Lm-Bogen, 1 DStb in die fM, 2 Stb um den nächsten Lm-Bogen. Die Rd schließen mit 1 Km in die 3. Lm vom Rd-Beginn.

4. Rd: 1 Lm, 4x (1 fM, 1 Lm, 1 M überspringen). Dann * 1 fM um den Lm-Bogen, 5 Lm, 1 fM um denselben Lm-Bogen, 10x (1 Lm, 1 M überspringen, 1 fM), 1 Lm, ab * noch 1x wdh. 1 fM um den Lm-Bogen, 5 Lm, 1 fM um denselben Lm-Bogen, 6x (1 Lm, 1 M überspringen, 1 fM), 1 Lm. Mit 1 Km in die fM vom Rd-Beginn schließen.

5. Rd: 2 Lm, 4x (1 fM, 1 Lm, 1 M überspringen). Dann * 1 fM mit 1 kleinem Picot um den Lm-Bogen, 2 Lm, 1 fM mit 1 großem Picot um denselben Lm-Bogen, 2 Lm, 1 fM mit 1 kleinem Picot um denselben Lm-Bogen, 11x (1 Lm, 1 M überspringen, 1 fM), 1 Lm, ab * noch 1x wdh. Dann (1 fM mit 1 kleinem Picot um den Lm-Bogen, 2 Lm, 1 fM mit 1 großem Picot um denselben Lm-Bogen, 2 Lm, 1 fM mit 1 kleinem Picot um denselben Lm-Bogen), 7x (1 Lm, 1 M überspringen, 1 fM). Die Rd schließen mit 1 Km in die 2. Lm vom Rd-Beginn.

FERTIGSTELLEN

Alle Fäden vernähen, das Granny anfeuchten, spannen und gut trocknen lassen.

Laufen Zeichen unten zusammen werden sie in eine Einstichstelle gehäkelt. Laufen Zeichen oben zusammen werden sie zusammen abgemascht.

○ =Luftmasche

● =Kettmasche

× =feste Masche

=Stäbchen

=Doppelstäbchen

=Büschelmasche

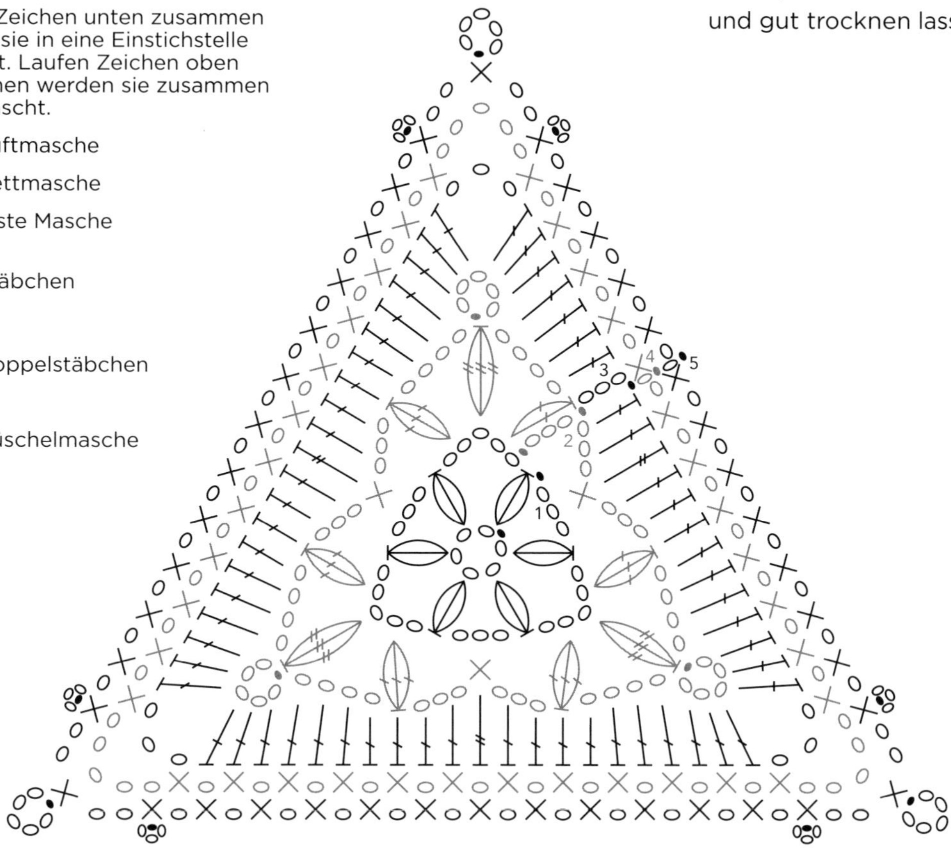

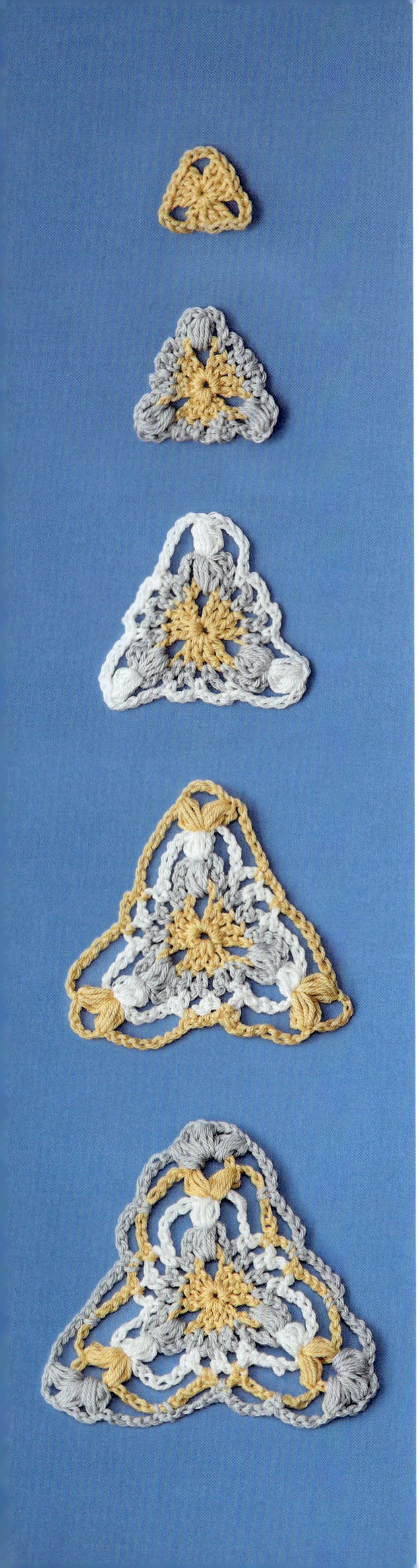

DREIECK 2

SCHWIERIGKEIT 2

GRÖSSE

ø 12,5 cm

MATERIAL

- Schachenmayr Catania (LL 125 m/50 g) in Natur (Fb 105), Honig (Fb 206) und Silber (Fb 172), Reste
- Häkelnadel 3,0 mm

4ER-BÜSCHEL-MASCHE

* 1 U auf die Nd nehmen, in die M einstechen, den Faden durchholen. Ab * noch 3x wdh. Es liegen 9 Schlingen auf der Nd. Den Faden holen und durch alle 9 Schlingen ziehen.

FARBWECHSEL

Die letzte M der einen Fb schon mit der neuen Fb abmaschen, damit ein exakter Fb-Übergang entsteht. Achtung! Beginnt eine Rd mit 1 Lm und 1 fM, erfolgt der Fb-Wechsel erst mit der Lm der neuen Rd.

FARBFOLGE

1. Rd: Honig, 2. Rd: Silber, 3. Rd: Natur, 4. Rd: Honig, 5. Rd: Silber

ANLEITUNG

Gemäß Fb-Folge einen Magic-Ring anfertigen.

1. Rd: 3 Lm für 1 Stb, 3 Stb, 4 Lm. Dann * 4 Stb, 4 Lm, ab * noch 1x wdh. Die Rd mit 1 Km in die 3. Lm vom Rd-Beginn schließen.

2. Rd: 1 Lm und 1 fM in dieselbe M wie der Km der Vor-Rd. Dann * 3x (3 Lm, 1 fM), 3 Lm, 1 Büschel-M um den Lm-Bogen (= Ecke), 3 Lm, 1 fM, ab * noch 1x wdh. Dann

3x (3 Lm, 1 fM), 3 Lm, 1 Büschel-M um den Lm-Bogen, 3 Lm. Die Rd 1 Km in die fM vom Rd-Beginn schließen. 1 weitere Km um den Lm-Bogen arb, um auf die richtige Höhe zu gelangen.

3. Rd: 1 Lm, dann * 2x (1 fM um den Lm-Bogen, 3 Lm), 1 fM um den folgenden Lm-Bogen, 5 Lm, 1 Büschel-M in die Büschel-M der Vor-Rd, 5 Lm, ab * noch 2x wdh. Die Rd mit 1 Km in die 1. fM schließen. 1 weitere Km um den Lm-Bogen arb, um auf die richtige Höhe zu gelangen.

4. Rd: 1 Lm, dann * 1 fM um den Lm-Bogen, 3 Lm, 1 fM um den folgenden Lm-Bogen, 7 Lm, (1 Büschel-M, 4 Lm, 1 Büschel-M) in die Büschel-M der Vor-Rd, 7 Lm, ab * noch 2x wdh. Die Rd mit 1 Km in die 1. fM schließen. 1 weitere Km um den Lm-Bogen arb, um auf die richtige Höhe zu gelangen.

5. Rd: 1 Lm, dann * 1 fM um den Lm-Bogen, 5 Lm, 1 fM um den folgenden 7er-Lm-Bogen, 5 Lm, (1 Büschel-M, 2 Lm, 1 Büschel-M, 2 Lm, 1 Büschel-M) um den 4er-Lm-Bogen, 5 Lm, 1 fM um den folgenden 7er-Lm-Bogen, 5 Lm, ab * noch 2x wdh. Die Rd mit 1 Km in die 1. fM schließen.

FERTIGSTELLEN

Alle Fäden vernähen. Das Granny anfeuchten, spannen und gut trocknen lassen.

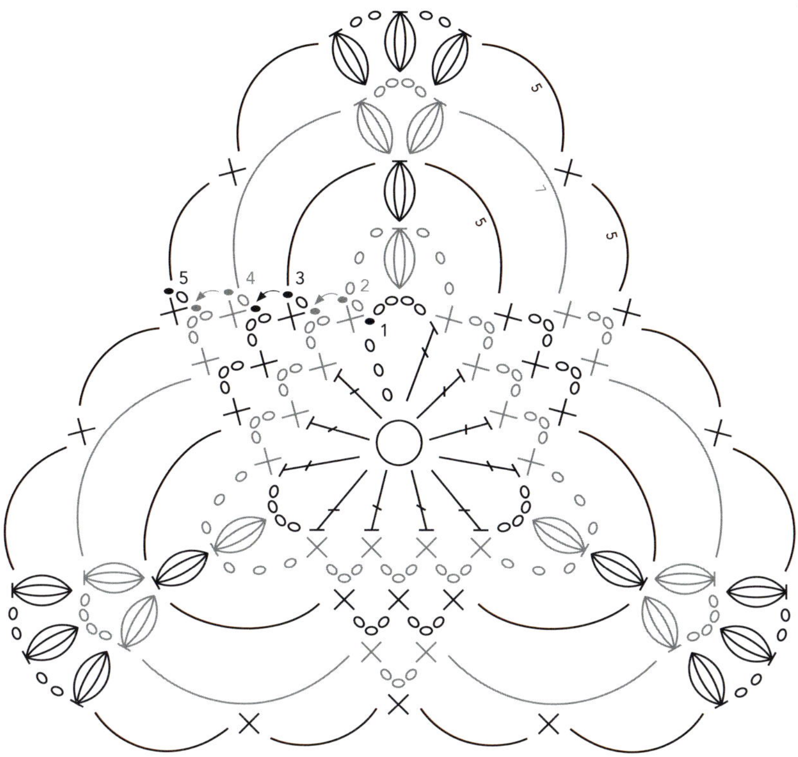

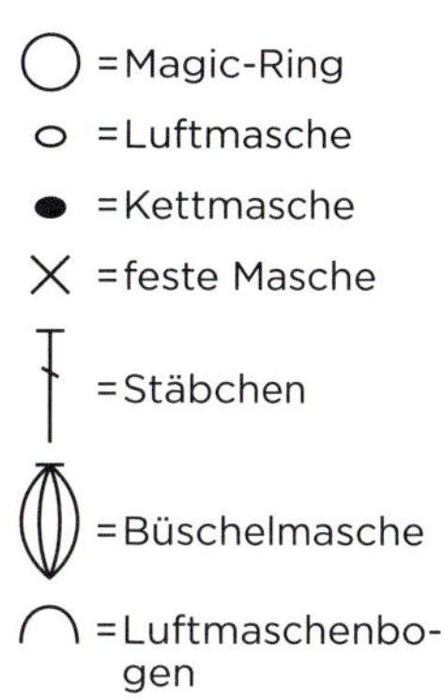

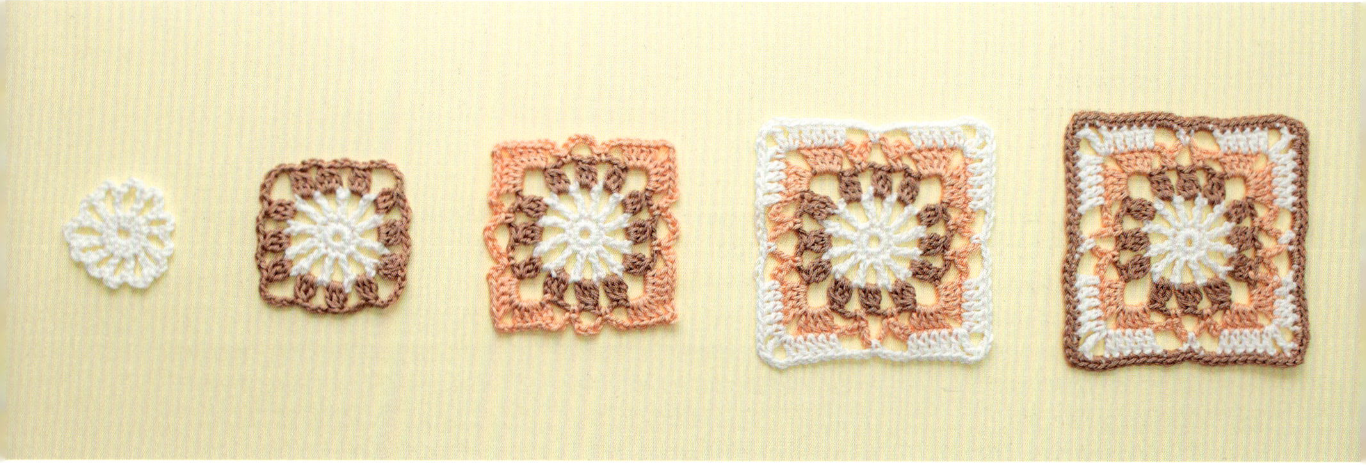

QUADRAT 1

SCHWIERIGKEIT 2

GRÖSSE

10,5 cm x 10,5 cm

MATERIAL

- Schachenmayr Catania (LL 125 m/50 g) in Natur (Fb 105), Sun Kissed (Fb 437) und Aprikose (Fb 401), Reste
- Häkelnadel 3,0 mm

FARBWECHSEL

Die letzte M der einen Fb schon mit der neuen Fb abmaschen, damit ein exakter Fb-Übergang entsteht. Achtung! Beginnt eine Rd mit 1 Lm und 1 fM, erfolgt der Fb-Wechsel erst mit der Lm der neuen Rd.

FARBFOLGE

1.+2. Rd: Natur, 3. Rd: Sun Kissed, 4. Rd: Aprikose, 5. Rd: Natur, 6. Rd: Sun Kissed

ANLEITUNG

Gemäß Fb-Folge einen Magic-Ring anfertigen.
1. Rd: 12 fM häkeln, die Rd mit 1 Km schließen.
2. Rd: 3 Lm für 1 Stb, 3 Lm. Dann * 1 Stb in die folgende fM, 3 Lm, ab * noch 10x wdh. Die Rd mit 1 Km in die 3. Lm vom Rd-Beginn schließen.
3. Rd: 1 Km um den Lm-Bogen, 3 Lm und 2 zusammen abgemaschte Stb um denselben Lm-Bogen. Dann * 2x (3 Lm, 3 zusammen ab-

gemaschte Stb um den folgenden Lm-Bogen), 5 Lm, 3 zusammen abgemaschte Stb um den nächsten Lm-Bogen (= Ecke), ab * noch 2x wdh. 2x (3 Lm, 3 zusammen abgemaschte Stb um den folgenden Lm-Bogen), 5 Lm. Mit 1 Km in das zusammen abgemaschte Stb vom Rd-Beginn schließen.

4. Rd: 3 Lm für 1 Stb, dann * 3 Lm, 1 fM um den folgenden Lm-Bogen, 5 Lm, 1 fM um den nächsten Lm-Bogen, 3 Lm, (4 Stb, 3 Lm, 4 Stb) um den folgenden Lm-Bogen (= Ecke), ab * noch 2x wdh. Dann 3 Lm, 1 fM um den folgenden Lm-Bogen, 5 Lm, 1 fM um den nächsten Lm-Bogen, 3 Lm, (4 Stb, 3 Lm, 3 Stb) um den folgenden Lm-Bogen. Mit 1 Km in die 3. Lm vom Rd-Beginn schließen.

5. Rd: 3 Lm für 1 Stb, dann * 3 Lm, 1 fM um den folgenden 5er-Lm-Bogen, 3 Lm, 4 Stb, (1 Stb, 2 Lm, 1 DStb, 2 Lm, 1 Stb) um den nächsten 3er Lm-Bogen (= Ecke), 4 Stb, ab * noch 2x wdh. 3 Lm, 1 fM um den folgenden 5er-Lm-Bogen, 3 Lm, 4 Stb, (1 Stb, 2 Lm, 1 DStb, 2 Lm, 1 Stb) um den nächsten 3er-Lm-Bogen, 3 Stb. Mit 1 Km in die 3. Lm vom Rd-Beginn schließen.

6. Rd: 1 Lm, dann in jede M bzw. um jede Lm 1 fM häkeln. An den Ecken jeweils (1 fM, 1 Lm, 1 fM) in das DStb arb. Die Rd mit 1 Km in die fM vom Rd-Beginn schließen.

FERTIGSTELLEN

Alle Fäden vernähen. Das Granny anfeuchten, spannen und gut trocknen lassen.

○ =Magic-Ring

o =Luftmasche

● =Kettmasche

× =feste Masche

=Stäbchen

Laufen Zeichen unten zusammen werden sie in eine Einstichstelle gehäkelt. Laufen Zeichen oben zusammen werden sie zusammen abgemascht.

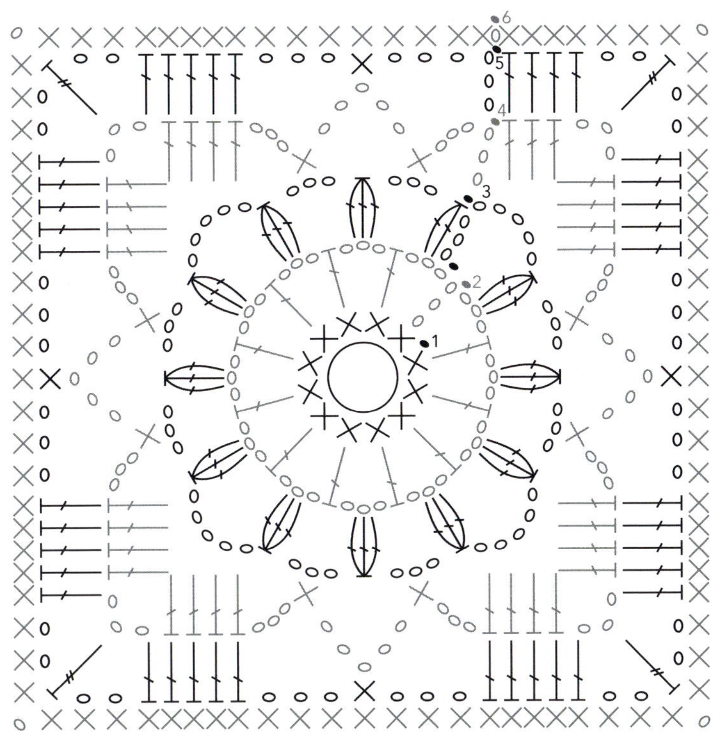

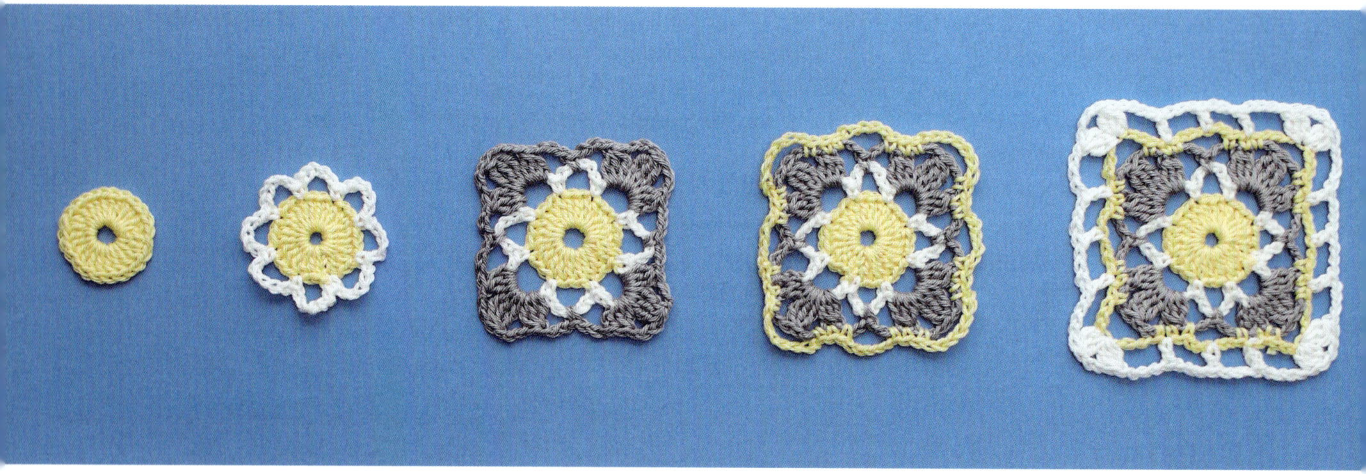

QUADRAT 2

SCHWIERIGKEIT 2

GRÖSSE

10,5 cm x 10,5 cm

MATERIAL

- Schachenmayr Catania (LL 125 m/50 g) in Natur (Fb 105), Rauchgrau (Fb 435) und Vanille (Fb 403), Reste
- Häkelnadel 3,0 mm

FARBWECHSEL

Die letzte M der einen Fb schon mit der neuen Fb abmaschen, damit ein exakter Fb-Übergang entsteht. Achtung! Beginnt eine Rd mit 1 Lm und 1 fM, erfolgt der Fb-Wechsel erst mit der Lm der neuen Rd.

FARBFOLGE

1. Rd: Vanille, 2. Rd: Natur, 3. Rd: Rauchgrau, 4. Rd: Vanille, 5. Rd: Natur

ANLEITUNG

Gemäß Fb-Folge einen Magic-Ring anfertigen.

1. Rd: 3 Lm für 1 Stb und 23 Stb in den Ring häkeln. Die Rd mit 1 Km in die 3. Lm vom Rd-Beginn schließen.

2. Rd: 1 Lm, 1 fM, * 5 Lm, 2 M überspringen, 1 fM, ab * noch 6x wdh. Die Rd mit 1 Lm und 1 DStb in die fM vom Rd-Beginn schließen.

3. Rd: (3 Lm, 2 zusammen abgemaschte Stb, 3 Lm, 3 zusammen abgemaschte DStb, 3 Lm, 3 zusammen abgemaschte Stb) um das DStb der Vor-Rd. Dann * 3 Lm, 1 fM um den folgenden 5er-Lm-Bogen, 3 Lm, (3 zusammen abgemaschte Stb, 3 Lm, 3 zusammen abgemaschte DStb, 3 Lm, 3 zusammen abgemaschte

Stb) um den nächsten 5er-Lm-Bogen, ab * noch 2 wdh. 3 Lm, 1 fM um den folgenden 5er-Lm-Bogen, 3 Lm. Mit 1 Km in das zusammen abgemaschte Stb vom Rd-Beginn schließen.

4. Rd: 1 Lm, 1 fM in das zusammen abgemaschte Stb, 1 fM um den Lm-Bogen, dann * 7 Lm, 1 fM um den Lm-Bogen zwischen den 3 zusammen abgemaschten DStb und den 3 zusammen abgemaschten Stb (= Ecke), 1 fM in die 3 zusammen abgemaschten Stb, 1 fM um den folgenden Lm-Bogen, 5 Lm, 1 fM um den nächsten Lm-Bogen, 1 fM in die 3 zusammen abgemaschten Stb, 1 fM um den folgenden Lm-Bogen, ab * noch 2x wdh. 7 Lm, 1 fM um den Lm-Bogen zwischen den 3 zusammen abgemaschten DStb und den 3 zusammen abgemaschten Stb, 1 fM in die 3 zusammen abgemaschten Stb, 1 fM um den folgenden Lm-Bogen, 5 Lm, 1 fM um den nächsten Lm-Bogen. Mit 1 Km in die fM vom Rd-Beginn schließen.

5. Rd: In dieser Rd alle Stb bzw. zusammen abgemaschten Stb in die Lm der Vor-Rd arb.
3 Lm für 1 Stb, dann * 4 Lm, (3 zusammen abgemaschte Stb, 3 Lm, 3 zusammen abgemaschte Stb) in die 4. der 7 Lm der Vor-Rd, 4 Lm, 4 M überspringen, 2x (1 Stb, 3 Lm, 3 M überspringen), 1 Stb, ab * noch 2x wdh. 4 Lm, (3 zusammen abgemaschte Stb, 3 Lm, 3 zusammen abgemaschte Stb) in die 4. der 7 Lm der Vor-Rd, 4 Lm, 4 M überspringen, 2x (1 Stb, 3 Lm, 3 M überspringen). Mit 1 Km in die 3. Lm vom Rd-Beginn schließen.

FERTIGSTELLEN

Alle Fäden vernähen. Das Granny anfeuchten, spannen und gut trocknen lassen.

◯ = Magic-Ring
o = Luftmasche
● = Kettmasche
× = feste Masche
= Stäbchen
= Doppelstäbchen

Laufen Zeichen unten zusammen werden sie in eine Einstichstelle gehäkelt. Laufen Zeichen oben zusammen werden sie zusammen abgemascht.

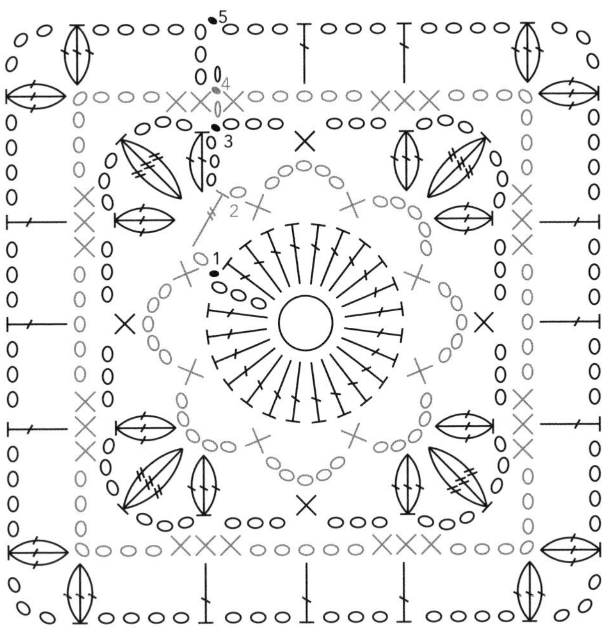

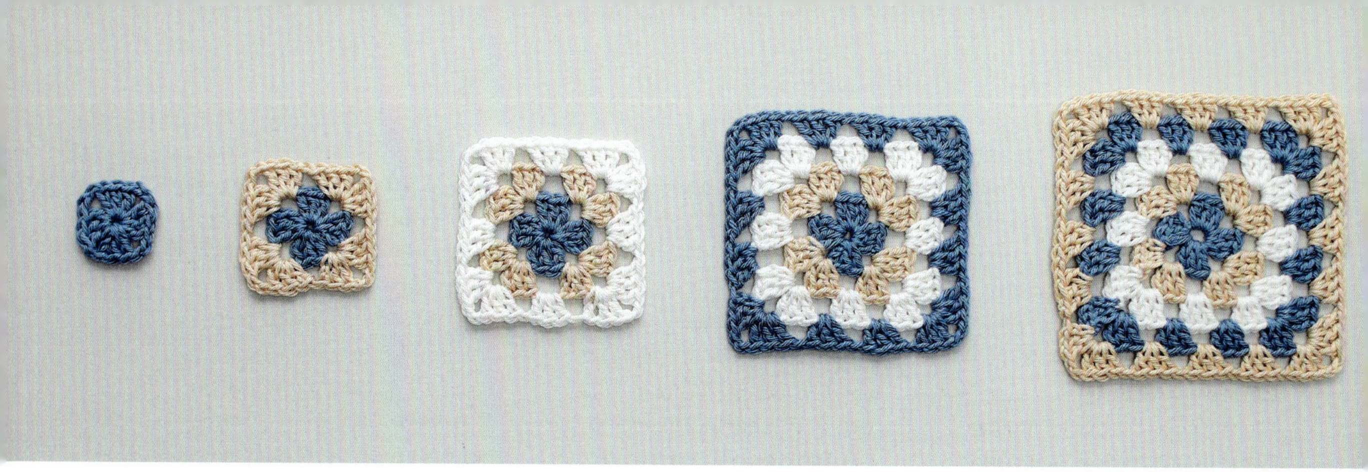

QUADRAT 3

SCHWIERIGKEIT 1

GRÖSSE

10,5 cm x 10,5 cm

MATERIAL

- Schachenmayr Catania (LL 125 m/50 g) in Natur (Fb 105), Sand (Fb 404) und Kachelblau (Fb 380), Reste
- Häkelnadel 3,0 mm

FARBWECHSEL

Wird die Fb bei jeder Rd gewechselt, kann die Rd auch mit 1 Km geschlossen und der Faden getrennt werden. Dann die neue Fb mit 1 Km an einem beliebigen Lm-Bogen neu anschlingen.
Wenn die gleiche Fb weiterverwendet wird, noch 3 Km häkeln, um auf die richtige Höhe zu gelangen.

FARBFOLGE

1. Rd: Kachelblau, 2. Rd: Sand, 3. Rd: Natur, 4. Rd: Kachelblau, 5. Rd: Sand

ANLEITUNG

Gemäß Fb-Folge einen Magic-Ring anfertigen.

1. Rd: 3 Lm für 1 Stb, 2 Stb, 2 Lm. Dann * 3 Stb, 2 Lm, ab * noch 2x wdh. Die Rd mit 1 Km in die 3. Lm vom Rd-Beginn schließen. 2 weitere Km häkeln, um die Stb zu übergehen.

2. Rd: (1 Km, 3 Lm für 1 Stb, 2 Stb, 2 Lm, 3 Stb) um den Lm-Bogen. Dann * mit 1 Lm die Stb-Gruppe der Vor-Rd überspringen, (3 Stb, 2 Lm, 3 Stb) um den folgenden Lm-Bogen, ab * noch 2x wdh. 1 Lm und 1 Km in die 3. Lm vom Rd-Beginn schließen. 2 weitere Km häkeln, um die Stb zu übergehen.

3. Rd: (1 Km, 3 Lm für 1 Stb, 2 Stb, 2 Lm, 3 Stb) um den Lm-Bogen. Dann * mit 1 Lm die Stb-Gruppe der Vor-Rd überspringen, 3 Stb um den folgenden Lm-Bogen, mit 1 Lm die Stb-Gruppe der Vor-

Rd überspringen, (3 Stb, 2 Lm, 3 Stb) um den folgenden Lm-Bogen, ab * noch 2x wdh. Mit 1 Lm die Stb-Gruppe der Vor-Rd überspringen, 3 Stb um den folgenden Lm-Bogen, 1 Lm. Mit 1 Km in die 3. Lm vom Rd-Beginn schließen. 2 weitere Km häkeln, um die Stb zu übergehen.

4. Rd: (1 Km, 3 Lm für 1 Stb, 2 Stb, 2 Lm, 3 Stb) um den Lm-Bogen. Dann * 2x (mit 1 Lm die Stb-Gruppe der Vor-Rd überspringen, 3 Stb um den folgenden Lm-Bogen), mit 1 Lm die Stb-Gruppe der Vor-Rd überspringen, (3 Stb, 2 Lm, 3 Stb) um den folgenden Lm-Bogen, ab * noch 2x wdh. 2x (mit 1 Lm die Stb-Gruppe der Vor-Rd überspringen, 3 Stb um den folgenden Lm-Bogen), 1 Lm. Mit 1 Km in die 3. Lm vom Rd-Beginn schließen. 2 weitere Km häkeln, um die Stb zu übergehen.

5. Rd: (1 Km, 3 Lm für 1 Stb, 2 Stb, 2 Lm, 3 Stb) um den Lm-Bogen. Dann * 3x (mit 1 Lm die Stb-Gruppe der Vor-Rd überspringen, 3 Stb um den folgenden Lm-Bogen), mit 1 Lm die Stb-Gruppe der Vor-Rd überspringen, (3 Stb, 2 Lm, 3 Stb) um den folgenden Lm-Bogen, ab * noch 2x wdh. 3x (mit 1 Lm die Stb-Gruppe der Vor-Rd überspringen, 3 Stb um den folgenden Lm-Bogen), 1 Lm. Mit 1 Km in die 3. Lm vom Rd-Beginn schließen.

Alle weiteren Rd nach diesem Schema häkeln, dabei die Wiederholungen (mit 1 Lm die Stb-Gruppe der Vor-Rd überspringen, 3 Stb um den folgenden Lm-Bogen) mit jeder weiteren Rd 4x, 5x, 6x usw. ausführen.

FERTIGSTELLEN

Alle Fäden vernähen. Das Granny anfeuchten, spannen und gut trocknen lassen.

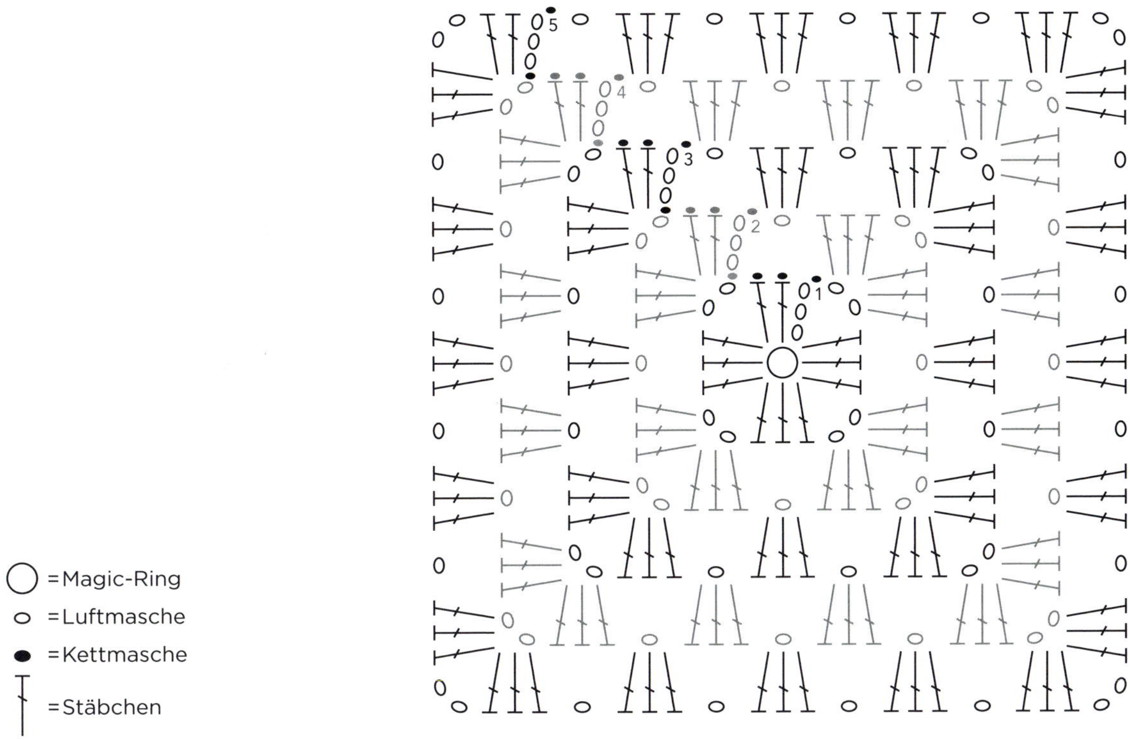

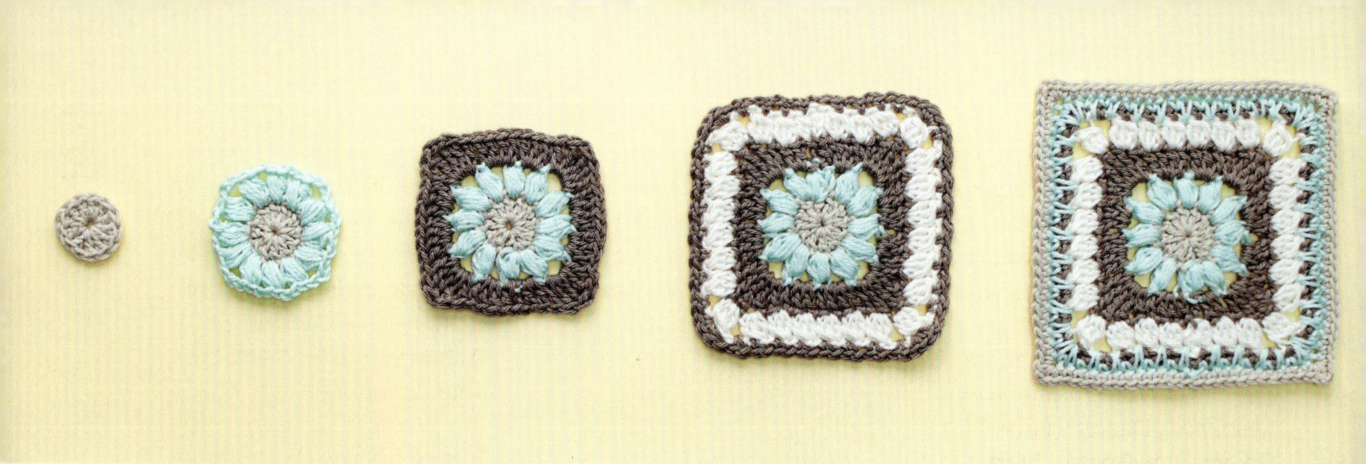

QUADRAT 4

SCHWIERIGKEIT 2

GRÖSSE

11,5 cm x 11,5 cm

MATERIAL

- Schachenmayr Catania (LL 125 m/50 g) in Natur (Fb 105), Taupe (Fb 254), Mint (Fb 385) und Leinen (Fb 248), Reste
- Häkelnadel 3,0 mm

4ER-BÜSCHEL-MASCHE

* 1 U auf die Nd nehmen, in die M einstechen, den Faden durchholen. Ab * noch 3x wdh. Es liegen 9 Schlingen auf der Nd. Den Faden holen und durch alle 9 Schlingen ziehen.

FARBWECHSEL

Die letzte M der einen Fb schon mit der neuen Fb abmaschen, damit ein exakter Fb-Übergang entsteht.

Achtung! Beginnt eine Rd mit 1 Lm und 1 fM, erfolgt der Fb-Wechsel erst mit der Lm der neuen Rd.

FARBFOLGE

1. Rd: Leinen, 2. Rd: Mint, 3. Rd: Taupe, 4. Rd: Natur, 5. Rd: Taupe, 6. Rd: Mint, 7. Rd: Leinen

ANLEITUNG

Gemäß Fb-Folge einen Magic-Ring anfertigen.

1. Rd: 3 Lm für 1 Stb und 11 Stb in den Ring häkeln. Die Rd mit 1 Km in die 3. Lm vom Rd-Beginn schließen.

2. Rd: * 1 Büschel-M, 2 Lm, 1 Büschel-M, 3 Lm, 1 Büschel-M, 2 Lm, ab * noch 3x wdh. Die Rd mit 1 Km in die Büschel-M vom Rd-Beginn schließen.

3. Rd: 1 Km um den Lm-Bogen, 3 Lm für 1 Stb, 2 Stb um den Lm-Bogen. Dann * (1 Stb, 1 DStb, 1 Dreifach-Stb, 1 DStb, 1 Stb) um den folgenden Lm-Bogen, 3 Stb um den nächsten Lm-Bogen, 1 Stb in die Büschel-M, 3 Stb um den folgenden Lm-Bogen, ab * noch 2x wdh. Dann (1 Stb, 1 DStb, 1 Dreifach-Stb, 1 DStb, 1 Stb) um den folgenden Lm-Bogen, 3 Stb um den nächsten Lm-Bogen, 1 Stb in die Büschel-M. Die Rd mit 1 Km in die 3. Lm vom Rd-Beginn schließen.

4. Rd: 3 Lm und 2 zusammen abgemaschte Stb, 2x (die folgende M mit 1 Lm überspringen, 3 zusammen abgemaschte Stb in das nächste Stb). Dann * 3 Lm, 3 zusammen abgemaschte Stb in das Dreifach-Stb der Vor-Rd, 3 Lm, 5x (3 zusammen abgemaschte Stb, die folgende M mit 1 Lm überspringen), 3 zusammen abgemaschte Stb, ab * noch 2x wdh. Dann 3 Lm, 3 zusammen abgemaschten Stb, 3 Lm, 3x (3 zusammen abgemaschte Stb, die folgende M mit 1 Lm überspringen). Die Rd mit 1 Km in das 1. zusammen abgemaschte Stb beenden.

5. Rd: 1 Lm, 2x (1 fM, die folgende M mit 1 Lm überspringen), 1 fM. Dann * (1 Lm, 1 fM um den Lm-Bogen, 1 Lm, 3 fM in die 3 zusammen abgemaschten Stb, 1 Lm, 1 fM um den Lm-Bogen, 1 Lm), 5x (1 fM, die folgende M mit 1 Lm überspringen), 1 fM, ab * noch 2x wdh. Dann (1 Lm, 1 fM um den Lm-Bogen, 1 Lm, 3 fM in die 3 zusammen abgemaschten Stb, 1 Lm, 1 fM um den Lm-Bogen, 1 Lm), 3x (1 fM, die folgende M mit 1 Lm überspringen). Die Rd mit 1 Km in die fM vom Rd-Beginn schließen.

HINWEIS Die tiefer gestochenen M der nächsten Rd stets locker häkeln, damit die M sich nicht zusammenziehen.

6. Rd: 1 Lm und 1 fM. Dann jeweils 1 tiefer gestochene fM um die Lm der 4. Rd und 1 fM in die fM der Vor-Rd im Wechsel häkeln. In die äußeren M der Ecken jeweils 1 tiefer gestochene fM in die 3 zusammen abgemaschten Stb der 4. Rd, 1 fM in die Ecke und 1 tiefer gestochene M in die 3 zusammen abgemaschten Stb der 4. Rd häkeln. Die Rd mit 1 Km schließen.

7. Rd: 1 Lm, dann in jede M 1 fM häkeln. In die äußeren Ecken jeweils (2 fM, 1 Lm, 2 fM) in 1 M arb. Die Rd mit 1 Km schließen.

FERTIGSTELLEN

Alle Fäden vernähen. Das Granny anfeuchten, spannen und gut trocknen lassen.

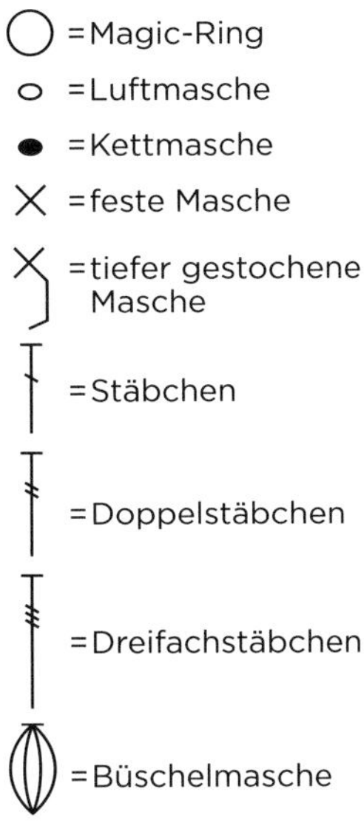

Laufen Zeichen unten zusammen werden sie in eine Einstichstelle gehäkelt. Laufen Zeichen oben zusammen werden sie zusammen abgemascht.

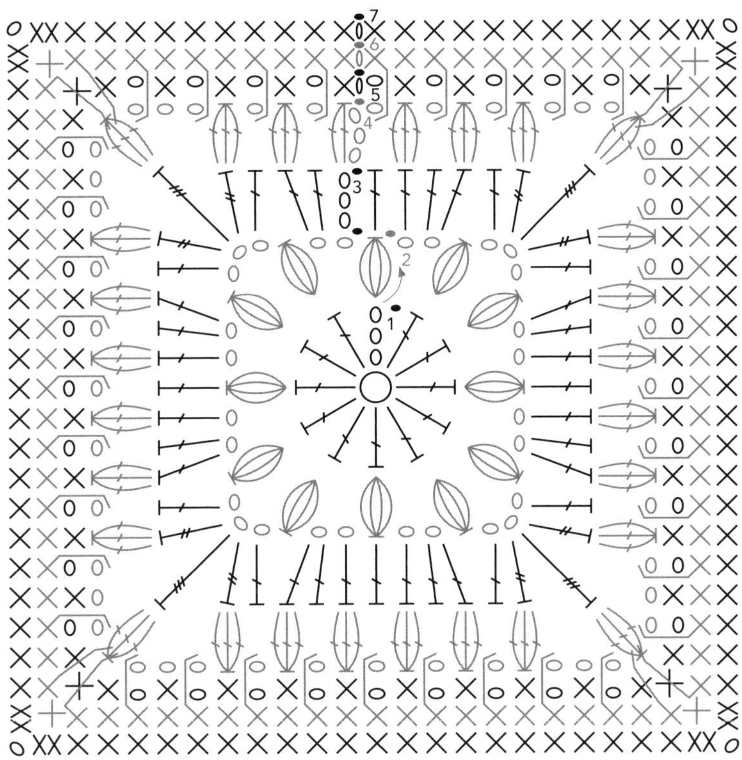

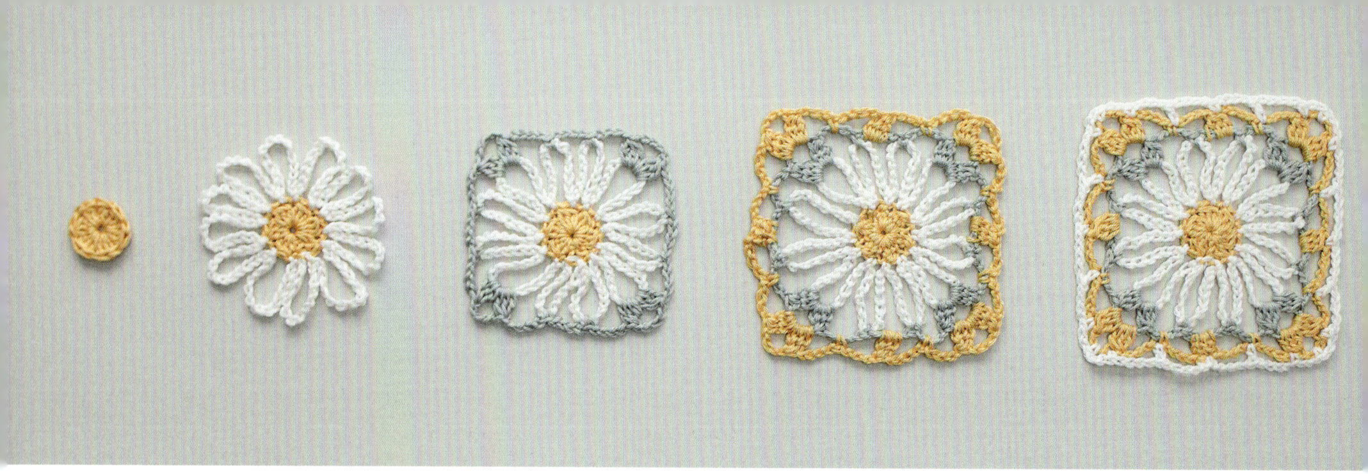

QUADRAT 5

SCHWIERIGKEIT 2

GRÖSSE

12,5 cm x 12,5 cm

MATERIAL

- Schachenmayr Catania (LL 125 m/50 g) in Natur (Fb 105), Reseda (Fb 402) und Honig (Fb 206), Reste
- Häkelnadel 3,0 mm

FARBWECHSEL

Die letzte M der einen Fb schon mit der neuen Fb abmaschen, damit ein exakter Fb-Übergang entsteht. Achtung! Beginnt eine Rd mit 1 Lm und 1 fM, erfolgt der Fb-Wechsel erst mit der Lm der neuen Rd.

FARBFOLGE

1. Rd: Honig, 2. Rd: Natur, 3. Rd: Reseda, 4. Rd: Honig, 5. Rd: Natur

ANLEITUNG

Gemäß Fb-Folge einen Magic-Ring anfertigen.

1. Rd: 3 Lm und 2 zusammen abgemaschte Stb, 1 Lm, dann * 3 zusammen abgemaschte Stb, 1 Lm, ab * noch 4x wdh. Mit 1 Km in das zusammen abgemaschte Stb vom Rd-Beginn schließen.

2. Rd: * 15 Lm, 1 Km in die folgende M, ab * noch 11x wdh. Den Faden durchziehen und trennen.

3. Rd: Einen neuen Faden an einem beliebigen Lm-Bogen anschlingen und wie folgt arb: 1 Lm, 1 fM um den Lm-Bogen, dann * 4 Lm, 1 fM um den folgenden Lm-Bogen, 4 Lm, (3 zusammen abgemaschte Stb, 4 Lm, 3 zusammen abgemaschte Stb) um den nächsten Lm-Bogen (= Ecke), 4 Lm, 1 fM um den folgenden Lm-Bogen, ab * noch 2x wdh. 4 Lm, 1 fM um den folgenden Lm-Bogen,

4 Lm, (3 zusammen abgemaschte Stb, 4 Lm, 3 zusammen abgemaschte Stb) um den nächsten Lm-Bogen, 4 Lm. Mit 1 Km in die fM vom Rd-Beginn schließen. Noch 1 Km um den Lm-Bogen häkeln.

4. Rd: 1 Km, 3 Lm und 2 zusammen abgemaschte Stb. Dann * 4 Lm, 1 fM um den folgenden Lm-Bogen, 4 Lm, (3 zusammen abgemaschte Stb, 4 Lm, 3 zusammen abgemaschte Stb) um den nächsten Lm-Bogen, 4 Lm, 1 fM um den folgenden Lm-Bogen, 4 Lm, 3 zusammen abgemaschte Stb um den nächsten Lm-Bogen, ab * noch 2x wdh. 4 Lm, 1 fM um den folgenden Lm-Bogen, 4 Lm, (3 zusammen abgemaschte Stb, 4 Lm, 3 zusammen abgemaschte Stb) um den nächsten Lm-Bogen, 4 Lm, 1 fM um den folgenden Lm-Bogen, 4 Lm. Mit 1 Km in das zusammen abgemaschte Stb vom Rd-Beginn schließen.

5. Rd: 1 Lm, 1 fM. Dann * 4 Lm, 1 Stb in die fM der Vor-Rd, 4 Lm, 1 fM in die 3 zusammen abgemaschten Stb, 2 Lm, 1 fM um den Lm-Bogen, 2 Lm, 1 fM in die 3 zusammen abgemaschten Stb, 4 Lm, 1 Stb in die fM der Vor-Rd, 4 Lm, 1 fM in die 3 zusammen abgemaschten Stb, ab * noch 2x wdh. 4 Lm, 1 Stb in die fM der Vor-Rd, 4 Lm, 1 fM in die 3 zusammen abgemaschten Stb, 2 Lm, 1 fM um den Lm-Bogen, 2 Lm, 1 fM in die 3 zusammen abgemaschten Stb, 4 Lm, 1 Stb in die fM der Vor-Rd, 4 Lm. Mit 1 Km in die fM vom Rd-Beginn schließen.

FERTIGSTELLEN

Alle Fäden vernähen. Das Granny anfeuchten, spannen und gut trocknen lassen.

○ =Magic-Ring
○ =Luftmasche
● =Kettmasche
× =feste Masche
⌒ =Luftmaschenbogen
Ŧ =Stäbchen

Laufen Zeichen oben zusammen werden sie zusammen abgemascht.

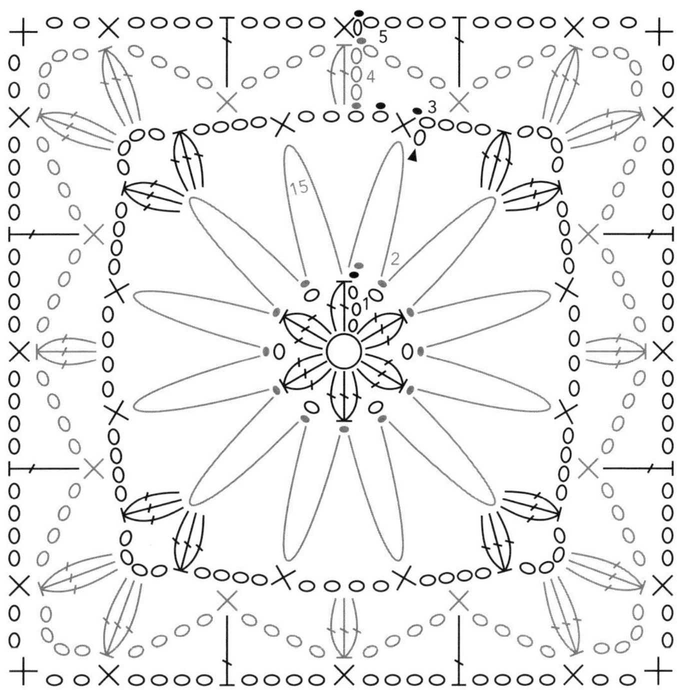

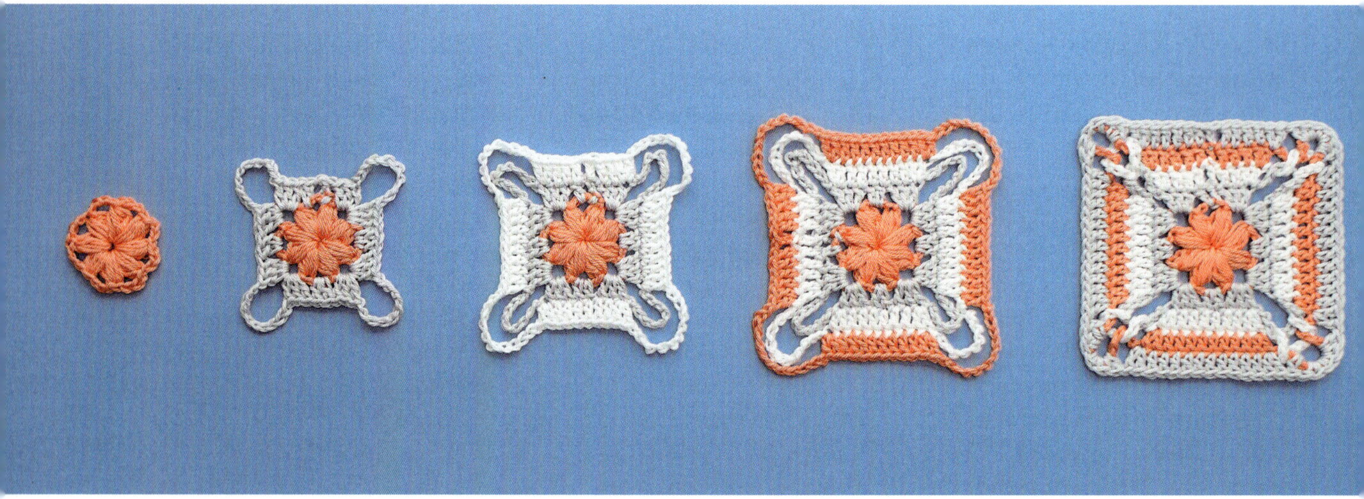

QUADRAT 6

SCHWIERIGKEIT 3

GRÖSSE

11 cm x 11 cm

MATERIAL

- Schachenmayr Catania (LL 125 m/50 g) in Natur (Fb 105), Koralle (Fb 410) und Nebel (Fb 434), Reste
- Häkelnadel 3,0 mm

4ER-BÜSCHEL-MASCHE

* 1 U auf die Nd nehmen, in die M einstechen, den Faden durchholen. Ab * noch 3x wdh. Es liegen 9 Schlingen auf der Nd. Den Faden holen und durch alle 9 Schlingen ziehen.

FARBWECHSEL

Die letzte M der einen Fb schon mit der neuen Fb abmaschen, damit ein exakter Fb-Übergang entsteht.

FARBFOLGE

1. Rd: Koralle, 2. Rd: Nebel, 3. Rd: Natur, 4. Rd: Koralle, 5. Rd: Nebel

ANLEITUNG

Gemäß Fb-Folge 6 Lm locker anschl und mit 1 Km zum Ring schließen.

1. Rd: * 1 Büschel-M, 3 Lm, ab * noch 7x wdh. Die Rd mit 1 Km in die Büschel-M vom Rd-Beginn schließen.

2. Rd: 1 Km um den Lm-Bogen, 3 Lm für 1 Stb, 1 Stb um denselben Lm-Bogen. Dann * (3 Stb, 10 Lm, 3 Stb) um den folgenden Lm-Bogen (= Ecke), 2 Stb um den nächsten Lm-Bogen, ab * noch 2x wdh. (3 Stb, 10 Lm, 3 Stb) um den folgenden Lm-Bogen. Mit 1 Km in die 3. Lm vom Rd-Beginn schließen.

3. Rd: 3 Lm für 1 Stb, 3 Stb, 1 Stb verdoppeln. Dann * 12 Lm, das folgende Stb verdoppeln, 6 Stb, das folgende Stb verdoppeln, ab * noch 2x wdh. 12 Lm, das folgende Stb verdoppeln, 2 Stb. Mit 1 Km in die 3. Lm vom Rd-Beginn schließen.

4. Rd: 3 Lm für 1 Stb, 4 Stb, 1 Stb verdoppeln. Dann * 12 Lm, das folgende Stb verdoppeln, 8 Stb, das folgende Stb verdoppeln, ab * noch 2x wdh. 12 Lm, das folgende Stb verdoppeln, 3 Stb. Mit 1 Km in die 3. Lm vom Rd-Beginn schließen.

ECK-SCHLAUFEN

Zur Vorbereitung der 5. Rd in den Ecken die Lm-Bögen wie folgt ineinander ziehen: Die Schlaufe der 3. Rd von hinten durch die Schlaufe der 2. Rd ziehen, dann die Schlaufe der 4. Rd von hinten durch die Schlaufe der 3. Rd ziehen. Diese Schlaufe ggfs. mit Sicherheitsnadeln kurz fixieren. In diese Schlaufen werden die Eck-M der 5. Rd gehäkelt.

5. Rd: 3 Lm für 1 Stb, 5 Stb, 1 Stb verdoppeln. Dann * (1 Stb, 1 hStb, 2 fM, 1 hStb, 1 Stb) um die Schlaufe der 4. Rd, das folgende Stb verdoppeln, 10 Stb, das folgende Stb verdoppeln, ab * noch 2x wdh. (1 Stb, 1 hStb, 2 fM, 1 hStb, 1 Stb) um die Schlaufe der 4. Rd, das folgende Stb verdoppeln, 4 Stb. Mit 1 Km in die 3. Lm vom Rd-Beginn schließen.

FERTIGSTELLEN

Alle Fäden vernähen. Das Granny anfeuchten, spannen und gut trocknen lassen.

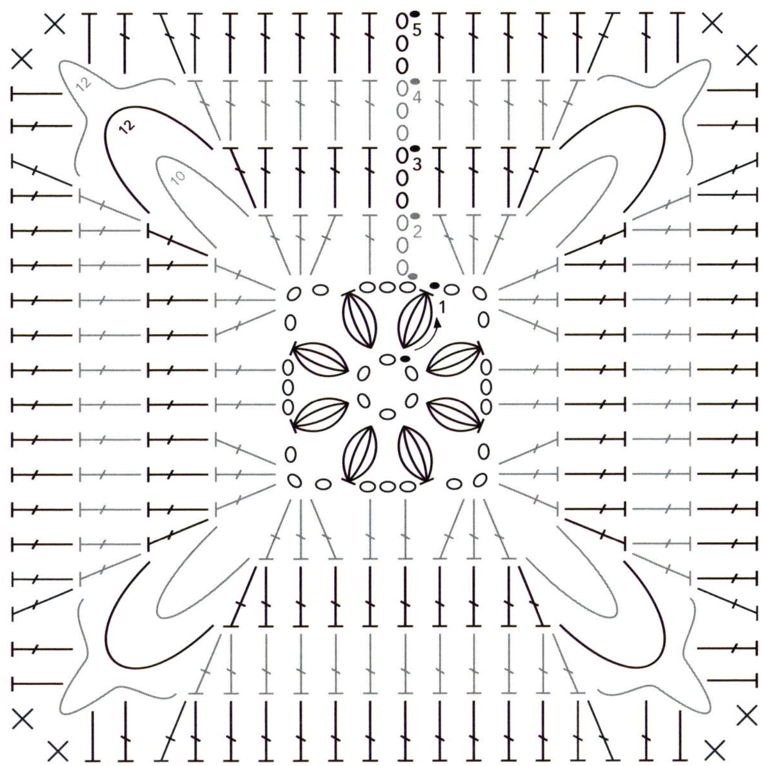

- ○ =Luftmasche
- ● =Kettmasche
- × =feste Masche
- =halbes Stäbchen
- =Stäbchen
- =Büschelmasche
- =Luftmaschenbogen

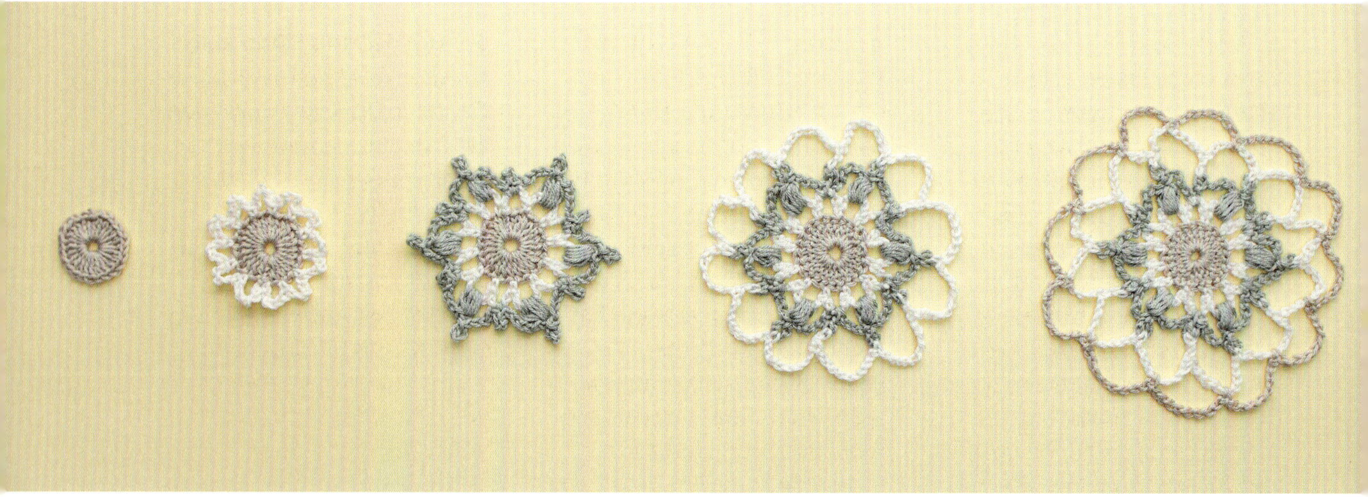

KREIS 1

SCHWIERIGKEIT 1

GRÖSSE

ø 15 cm

MATERIAL

- Schachenmayr Catania (LL 125 m/50 g) in Natur (Fb 105), Reseda (Fb 402) und Leinen (Fb 248), Reste
- Häkelnadel 3,0 mm

5ER-BÜSCHEL-MASCHE

* 1 U auf die Nd nehmen, in die M einstechen, den Faden durchholen. Ab * noch 4x wdh. Es liegen 11 Schlingen auf der Nd. Den Faden holen und durch alle 11 Schlingen ziehen.

KLEINES PICOT

3 Lm, dann 1 Km in die 1. Lm häkeln.

GROSSES PICOT

5 Lm, dann 1 Km in die 1. Lm häkeln.

FARBWECHSEL

Die letzte M der einen Fb schon mit der neuen Fb abmaschen, damit ein exakter Fb-Übergang entsteht. Achtung! Beginnt eine Rd mit 1 Lm und 1 fM, erfolgt der Fb-Wechsel erst mit der Lm der neuen Rd.

FARBFOLGE

1. Rd: Leinen, 2. Rd: Natur, 3. Rd: Reseda, 4. Rd: Natur, 5. Rd: Leinen

ANLEITUNG

Gemäß Fb-Folge einen Magic-Ring anfertigen.

1. Rd: 3 Lm für 1 Stb und 23 Stb in den Ring häkeln. Die Rd mit 1 Km in die 3. Lm vom Rd-Beginn schließen.

2. Rd: 1 Lm, dann * 1 fM, 5 Lm, 1 M überspringen, ab * noch 10x wdh. 1 fM, 2 Lm. Mit 1 Stb in die fM vom Rd-Beginn schließen.

3. Rd: 1 Lm, dann * 1 fM um den folgenden Lm-Bogen der Vor-Rd (der 1. Lm-Bogen ist der Lm-Bogen mit 2 Lm und 1 Stb der Vor-Rd), 1 kleines Picot, 1 fM um denselben Lm-Bogen, 4 Lm, 1 Büschel-M um den nächsten Lm-Bogen, 1 großes Picot, 4 Lm, ab * noch 5x wdh. Mit 1 Km in die 1. fM vom Rd-Beginn schließen.

4. Rd: 1 Km um das kleine Picot, 3 Lm für 1 Stb. Dann * 9 Lm, 1 fM um das große Picot, 9 Lm, 1 Stb um das kleine Picot, ab * noch 4x wdh. 9 Lm, 1 fM um das große Picot, 9 Lm. Mit 1 Km in die 3. Lm vom Rd-Beginn schließen.

Falls die Fb weiter verwendet wird, weitere 5 Km um den Lm-Bogen häkeln, um auf die richtige Höhe zu gelangen. Wechselt man die Fb, kann diese an einem beliebigen Lm-Bogen neu angeschlungen werden, die Km entfallen.

5. Rd: 1 Lm, 1 fM um den Lm-Bogen. Dann * 9 Lm, 1 fM um den folgenden Lm-Bogen, ab * noch 10x wdh, 9 Lm. Mit 1 Km in die fM vom Rd-Beginn schließen.

FERTIGSTELLEN

Alle Fäden vernähen. Das Granny anfeuchten, spannen und gut trocknen lassen.

◯ = Magic-Ring
○ = Luftmasche
● = Kettmasche
× = feste Masche
= halbes Stäbchen
= Stäbchen
= Büschelmasche
⌒ = Luftmaschenbogen

Laufen Zeichen unten zusammen werden sie in eine Einstichstelle gehäkelt. Laufen Zeichen oben zusammen werden sie zusammen abgemascht.

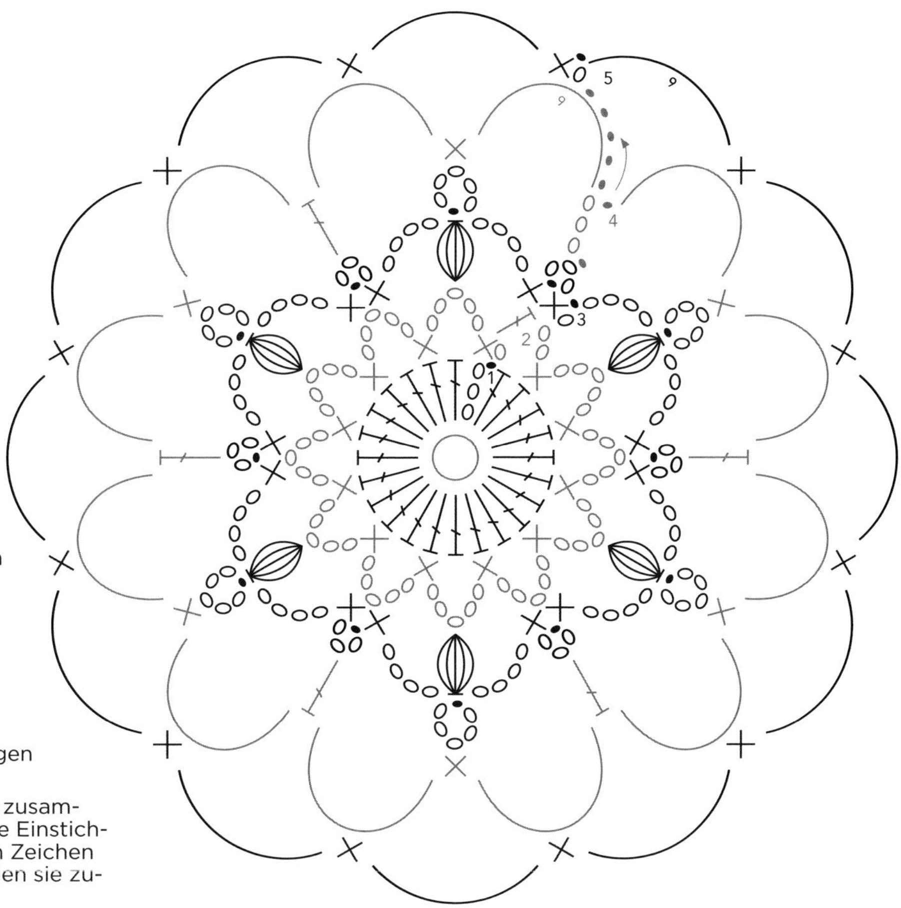

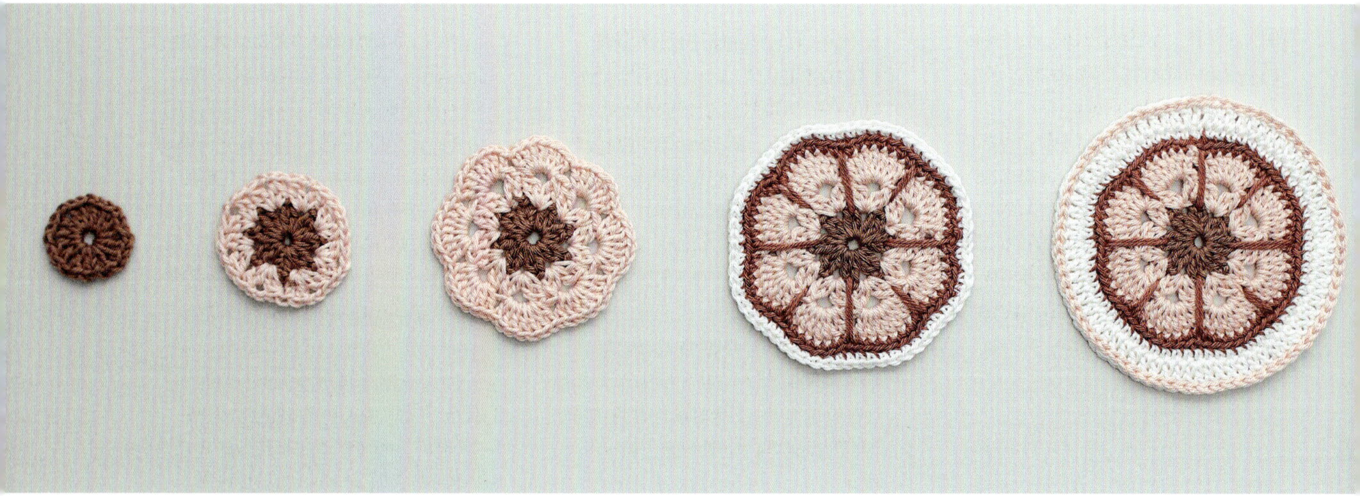

KREIS 2

SCHWIERIGKEIT 2

GRÖSSE

ø 11,5 cm

MATERIAL

- Schachenmayr Catania (LL 125 m/50 g) in Natur (Fb 105), Deep Amber (Fb 438), Rosé Gold (Fb 433) und Marsalarot (Fb 396), Reste
- Häkelnadel 3,0 mm

FARBWECHSEL

Die letzte M der einen Fb schon mit der neuen Fb abmaschen, damit ein exakter Fb-Übergang entsteht. Achtung! Beginnt eine Rd mit 1 Lm und 1 fM, erfolgt der Fb-Wechsel erst mit der Lm der neuen Rd.

FARBFOLGE

1. Rd: Deep Amber, 2.+3. Rd: Rosé Gold, 4. Rd: Marsalarot, 5. Rd: Natur, 6. Rd: Natur, 7. Rd: Rosé Gold

ANLEITUNG

Gemäß Fb-Folge einen Magic-Ring anfertigen.

1. Rd: 3 Lm für 1 Stb, 1 Stb, 1 Lm. Dann * 2 Stb, 1 Lm, ab * noch 6x wdh. Mit 1 Km in die 3. Lm vom Rd-Beginn schließen. Noch 1 weitere Km in das folgende Stb häkeln, um auf die richtige Höhe zu gelangen.

2. Rd: 1 Km um die Lm der Vor-Rd, (3 Lm und 1 Stb zusammen abmaschen, 2 Lm, 2 zusammen abgemaschte Stb) um denselben Lm-Bogen. Dann * (2 zusammen abgemaschte Stb, 2 Lm, 2 zusammen abgemaschte Stb) um den folgenden Lm-Bogen, ab * noch 6x wdh.

Mit 1 Km in das zusammen abgemaschte Stb vom Rd-Beginn schließen.

3. Rd: 1 Km, 3 Lm für 1 Stb und 6 Stb um den Lm-Bogen. Dann * 7 Stb um den folgenden Lm-Bogen, ab * noch 6x wdh. Mit 1 Km in die 3. Lm vom Rd-Beginn schließen.

HINWEIS Die tiefer gestochenen M der nächsten Rd stets locker häkeln, damit die M sich nicht zusammenziehen.

4. Rd: 1 Lm, dann * 7 fM, 1 tiefer gestochene fM zwischen beide Gruppen der zusammen abgemaschten Stb der Vor-Rd, 7 fM, 1 tiefer gestochene fM zwischen beide Stb der 1. Rd, ab * noch 3x wdh. Mit 1 Km in die 1. fM schließen.

5. Rd: 1 Lm, dann in jede M 1 fM häkeln. Dabei nur in die hinteren M-Glieder arb. Mit 1 Km schließen.

6. Rd: 3 Lm für 1 Stb, dann * 7 Stb, die 8. M mit 2 Stb verdoppeln, ab * noch 6x wdh. 7 Stb, 1 Stb in dieselbe M wie die Km der Vor-Rd. Mit 1 Km in die 3. Lm vom Rd-Beginn schließen.

7. Rd: In jede M locker 1 Km häkeln. Mit 1 Km schließen.

FERTIGSTELLEN

Alle Fäden vernähen. Das Granny anfeuchten, spannen und gut trocknen lassen.

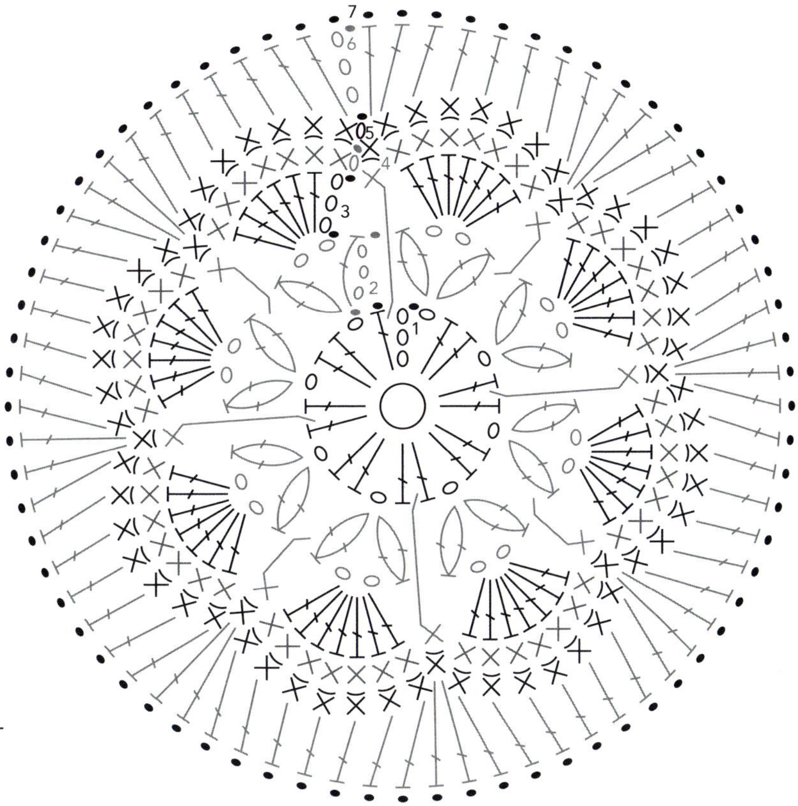

=Magic-Ring

=Luftmasche

=Kettmasche

=feste Masche

=feste Masche ins hintere Maschenglied

=tiefer gestochene feste Masche

=Stäbchen

Laufen Zeichen unten zusammen werden sie in eine Einstichstelle gehäkelt. Laufen Zeichen oben zusammen werden sie zusammen abgemascht.

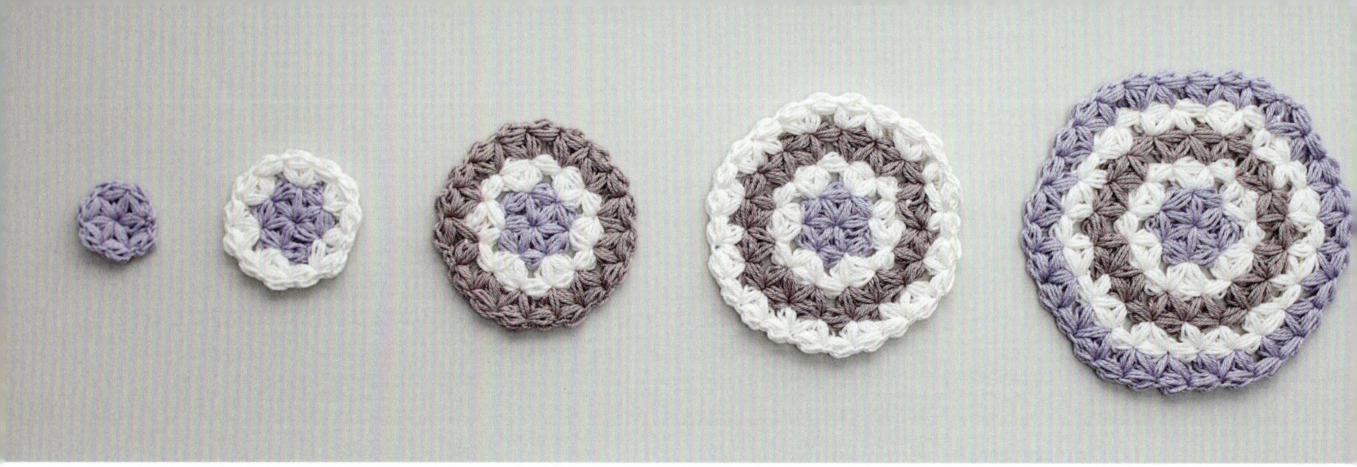

KREIS 3

SCHWIERIGKEIT 3

GRÖSSE

ø 14,5 cm

MATERIAL

- Schachenmayr Catania (LL 125 m/50 g) in Natur (Fb 105), Schlamm (Fb 406) und Malve (Fb 399), Reste
- Häkelnadel 3,0 mm

JASMINSTICH IN RUNDEN

Siehe Grundanleitung Seite 100.

OFFENE BÜSCHELMASCHE

* 1 U auf die Nd nehmen, in die M einstechen, den Faden durchholen. Ab * noch 2x wdh. Es liegen 7 Schlingen auf der Nd.

SCHLINGEN ABMASCHEN

Den Arbeitsfaden mit Daumen und Zeigefinger festhalten und den Faden durch alle auf der Nd befindlichen (7 oder 13 oder 19) Schlingen ziehen. Den Arbeitsfaden dabei nicht loslassen, sondern durch diese Schlaufe noch 1 fM häkeln.

FARBWECHSEL

Die letzte M der einen Fb schon mit der neuen Fb abmaschen, damit ein exakter Fb-Übergang entsteht.

FARBFOLGE

1. Rd: Malve, 2. Rd: Natur, 3. Rd: Schlamm, 4. Rd: Natur, 5. Rd: Malve

ANLEITUNG

Gemäß Fb-Folge 5 Lm locker anschl und mit 1 Km zum Ring schließen.

1. Rd: 1 offene Büschel-M in den Ring häkeln, 7 Schlingen abmaschen, 1 Lm. Dann * 1 offene Büschel-M in die zuletzt gehäkelte fM, 1 offene Büschel-M in den Ring (= 13 Schlingen). 13 Schlingen abmaschen. Dann noch 1 Lm. Ab * noch 4x wdh.

Zum Schluss 1 offene Büschel-M in die zuletzt gehäkelte M, 7 Schlingen abmaschen, 1 Lm. Die Rd mit 1 Km in die 1. Büschel-M schließen.

2. Rd: 1 offene Büschel-M in dieselbe M wie die Km der letzten Rd häkeln, 7 Schlingen abmaschen, 1 Lm.

Dann * 1 offene Büschel-M in die zuletzt gehäkelte fM, 1 offene Büschel-M in die folgende M der Vor-Rd, 13 Schlingen abmaschen, 1 Lm.

Weiter 1 offene Büschel-M in die zuletzt gehäkelte M, 1 offene Büschel-M in dieselbe M der Vor-Rd, 13 Schlingen abmaschen, 1 Lm, ab * noch 4x wdh.

Weiter 1 offene Büschel-M in die zuletzt gehäkelte M, 1 offene Büschel-M in die folgende M der Vor-Rd, 13 Schlingen abmaschen, 1 Lm.

Zur besseren Übersicht umfasst das Zeichen der offenen Büschel-M die abgemaschte offene Büschel-M samt fM und Lm.

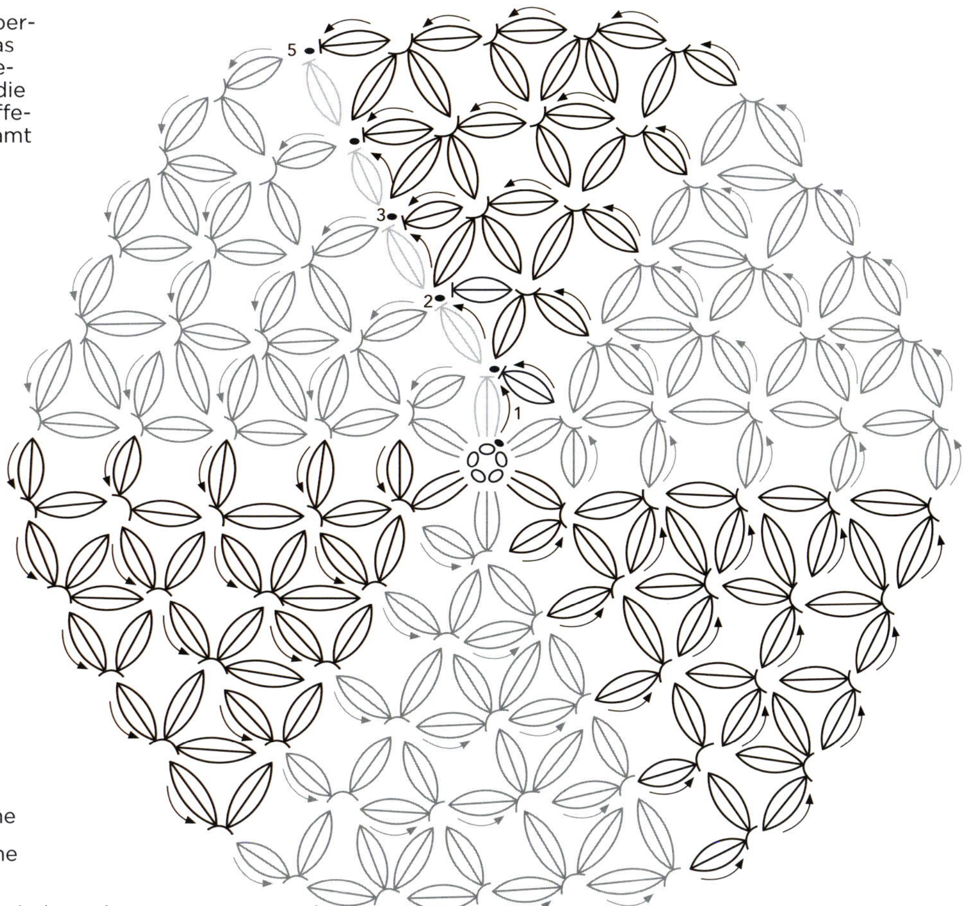

○ =Luftmasche

● =Kettmasche

=offene Büschelmasche

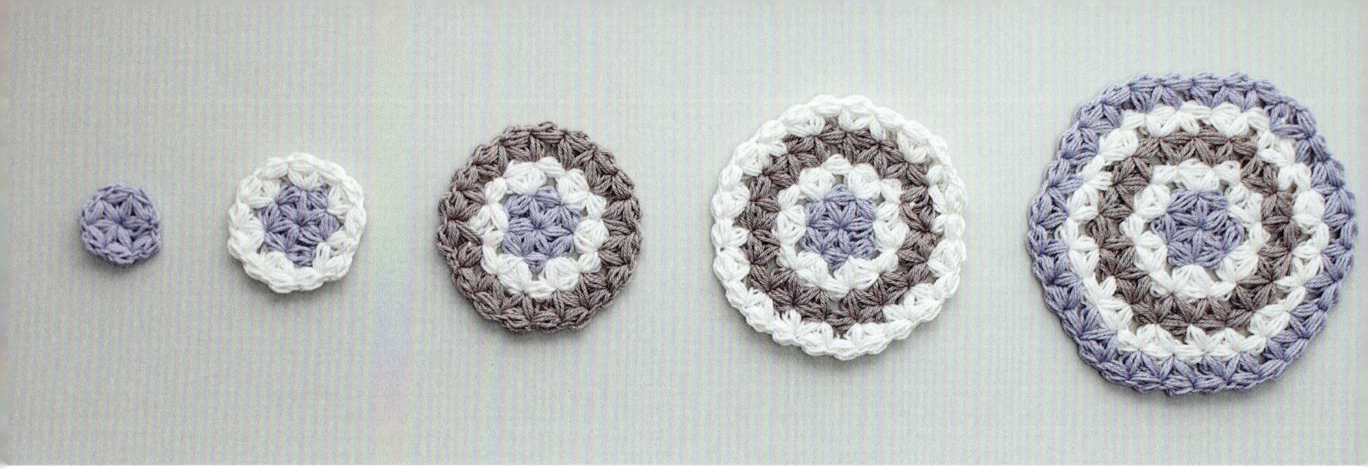

Zum Schluss 1 offene Büschel-M in die zuletzt gehäkelte M, 7 Schlingen abmaschen, 1 Lm. Die Rd mit 1 Km in die 1. Büschel-M schließen.

3. Rd: 1 offene Büschel-M in dieselbe M wie die Km der letzten Rd häkeln, 7 Schlingen abmaschen, 1 Lm.

Dann * 1 offene Büschel-M in die zuletzt gehäkelte fM, 1 offene Büschel-M in die folgende M der Vor-Rd, 13 Schlingen abmaschen, 1 Lm.

Weiter 1 offene Büschel-M in die zuletzt gehäkelte M, 1 offene Büschel-M in dieselbe M der Vor-Rd, 1 offene Büschel-M in die folgende M der Vor-Rd (= 19 Schlingen). 19 Schlingen abmaschen, 1 Lm.

1 offene Büschel-M in die zuletzt gehäkelte M, 1 offene Büschel-M in dieselbe M der Vor-Rd, 13 Schlingen abmaschen, 1 Lm. Ab * noch 4x wdh.

Weiter 1 offene Büschel-M in die zuletzt gehäkelte M, 1 offene Büschel-M in die folgende M der Vor-Rd, 13 Schlingen abmaschen, 1 Lm.

Dann 1 offene Büschel-M in die zuletzt gehäkelte M, 1 offene Büschel-M in dieselbe M der Vor-Rd, 1 offene Büschel-M in die folgende M der Vor-Rd, 19 Schlingen abmaschen, 1 Lm.

Zum Schluss 1 offene Büschel-M in die zuletzt gehäkelte M, 1 Lm. Die Rd mit 1 Km in die 1. Büschel-M schließen.

4. Rd: 1 offene Büschel-M in dieselbe M wie die Km der letzten Rd häkeln, 7 Schlingen abmaschen, 1 Lm.

Dann * 1 offene Büschel-M in die zuletzt gehäkelte fM, 1 offene Büschel-M in die folgende M der Vor-Rd, 13 Schlingen abmaschen, 1 Lm.

Weiter 1 offene Büschel-M in die zuletzt gehäkelte M, 1 offene Büschel-M in dieselbe M der Vor-Rd, 13 Schlingen abmaschen, 1 Lm.

Dann 1 offene Büschel-M in die zuletzt gehäkelte M, 1 offene Büschel-M in die folgende M der Vor-Rd, 1 offene Büschel-M in die nächste M der Vor-Rd, 19 Schlingen abmaschen, 1 Lm.

Weiter 1 offene Büschel-M in die zuletzt gehäkelte M, 1 offene Büschel-M in dieselbe M der Vor-Rd, 13 Schlingen abmaschen, 1 Lm, ab * noch 4x wdh.

Zum Schluss 1 offene Büschel-M in die zuletzt gehäkelte M, 1 offene Büschel-M in die folgende M der Vor-Rd, 13 Schlingen abmaschen, 1 Lm.

Weiter 1 offene Büschel-M in die zuletzt gehäkelte M, 1 offene Büschel-M in dieselbe M der Vor-Rd, 13 Schlingen abmaschen, 1 Lm.

Dann 1 offene Büschel-M in die zuletzt gehäkelte M, 1 offene Büschel-M in die folgende M der Vor-Rd, 1 offene Büschel-M in die nächste M der Vor-Rd, 19 Schlingen abmaschen, 1 Lm.

1 offene Büschel-M in die zuletzt gehäkelte M,

7 Schlingen abmaschen, 1 Lm. Die Rd mit 1 Km in die 1. Büschel-M schließen.

5. Rd: 1 offene Büschel-M in dieselbe M wie die Km der letzten Rd häkeln, 7 Schlingen abmaschen, 1 Lm.
Dann * 1 offene Büschel-M in die zuletzt gehäkelte fM, 1 offene Büschel-M in die folgende M der Vor-Rd, 13 Schlingen abmaschen, 1 Lm.
Weiter 1 offene Büschel-M in die zuletzt gehäkelte M, 1 offene Büschel-M in dieselbe M der Vor-Rd, 1 offene Büschel-M in die folgende M der Vor-Rd, 19 Schlingen abmaschen, 1 Lm.
Dann 1 offene Büschel-M in die zuletzt gehäkelte M, 1 offene Büschel-M in dieselbe M der Vor-Rd, 13 Schlingen abmaschen, 1 Lm.
Weiter 1 offene Büschel-M in die zuletzt gehäkelte M, 1 offene Büschel-M in die folgende M der Vor-Rd, 1 offene Büschel-M in die nächste M der Vor-Rd, 19 Schlingen abmaschen, 1 Lm.
Dann 1 offene Büschel-M in die zuletzt gehäkelte M, 1 offene Büschel-M in dieselbe M der Vor-Rd, 13 Schlingen abmaschen, 1 Lm, ab * noch 4x wdh.
Zum Schluss 1 offene Büschel-M in die zuletzt gehäkelte M, 1 offene Büschel-M in die folgende M der Vor-Rd, 13 Schlingen abmaschen, 1 Lm.
Dann 1 offene Büschel-M in die zuletzt gehäkelte M, 1 offene Büschel-M in dieselbe M der Vor-Rd, 1 offene Büschel-M in die folgende M der Vor-Rd, 19 Schlingen abmaschen, 1 Lm.
1 offene Büschel-M in die zuletzt gehäkelte M, 1 offene Büschel-M in dieselbe M der Vor-Rd, 13 Schlingen abmaschen, 1 Lm.
Dann 1 offene Büschel-M in die zuletzt gehäkelte M, 1 offene Büschel-M in die folgende M der Vor-Rd, 1 offene Büschel-M in die nächste M der Vor-Rd, 19 Schlingen abmaschen, 1 Lm.
1 offene Büschel-M in die zuletzt gehäkelte M, 7 Schlingen abmaschen, 1 Lm. Die Rd mit 1 Km in die 1. Büschel-M schließen.

FERTIGSTELLEN

Alle Fäden vernähen. Das Granny anfeuchten, spannen und gut trocknen lassen.

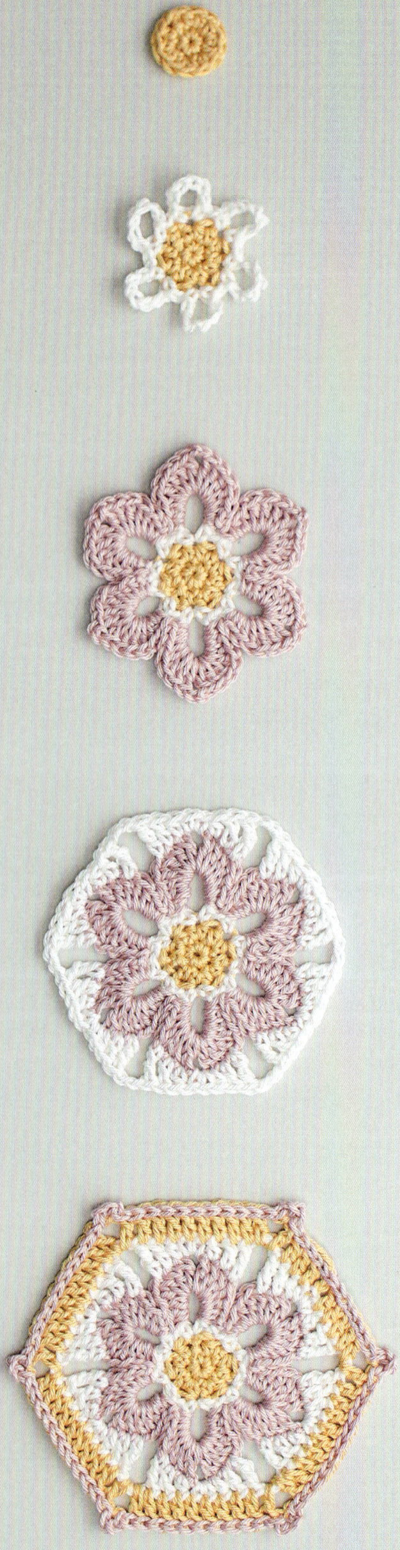

SECHSECK

SCHWIERIGKEIT 2

GRÖSSE

ø 12 cm

MATERIAL

- Schachenmayr Catania (LL 125 m/50 g) in Natur (Fb 105), Honig (Fb 206) und Vintage (Fb 423), Reste
- Häkelnadel 3,0 mm

FARBWECHSEL

Die letzte M der einen Fb schon mit der neuen Fb abmaschen, damit ein exakter Fb-Übergang entsteht. Achtung! Beginnt eine Rd mit 1 Lm und 1 fM, erfolgt der Fb-Wechsel erst mit der Lm der neuen Rd.

FARBFOLGE

1.+2. Rd: Honig, 3. Rd: Natur, 4. Rd: Vintage, 5. Rd: Natur, 6. Rd: Honig, 7. Rd: Vintage

ANLEITUNG

Gemäß Fb-Folge einen Magic-Ring anfertigen.

1. Rd: 6 fM häkeln, die Rd mit 1 Km schließen.

2. Rd: 2 Lm für 1 hStb, dann jede fM mit 2 hStb verdoppeln. Mit 1 Km in die 2. Lm vom Rd-Beginn schließen.

3. Rd: 1 Lm, dann * 1 fM, 7 Lm, 1 fM in dieselbe M, 1 Lm, 1 M überspringen, ab * noch 5x wdh. Mit 1 Km in die 1. fM schließen.

4. Rd: 1 Lm, dann * (1 fM, 2 hStb, 4 Stb, 2 Lm, 4 Stb, 2 hStb, 1 fM) um den folgenden Lm-Bogen, ab * noch 5x wdh. Mit 1 Km in die 1. fM schließen. Den Faden durchziehen und trennen.

5. Rd: Die neue Fb an einem 2er-Lm-Bogen eines Blütenblatts anschlingen und wie folgt arb: 1 Lm, dann * 1 fM um den Lm-Bogen, 1 hStb, 1 Stb, 1 DStb, 2 Lm, 1 DStb in das 2. Stb des folgenden Blütenblatts, 1 Stb in das 3. Stb des folgenden Blütenblatts, 1 hStb in das 4. Stb des folgenden Blütenblatts,

1 fM um den Lm-Bogen, ab * noch 5x wdh. Mit 1 Km in die 1. fM schließen.

6. Rd: 3 Lm für 1 Stb, dann in jede M 1 Stb häkeln. In die 6 Ecken jeweils (1 Stb, 2 Lm, 1 Stb) um den Lm-Bogen häkeln. Mit 1 Km in die 3. Lm vom Rd-Beginn schließen.

7. Rd: In jede M 1 Km häkeln. In die 6 Ecken jeweils (1 Km, 3 Lm, 1 Km) häkeln. Mit 1 Km schließen.

FERTIGSTELLEN

Alle Fäden vernähen. Das Granny anfeuchten, spannen und gut trocknen lassen.

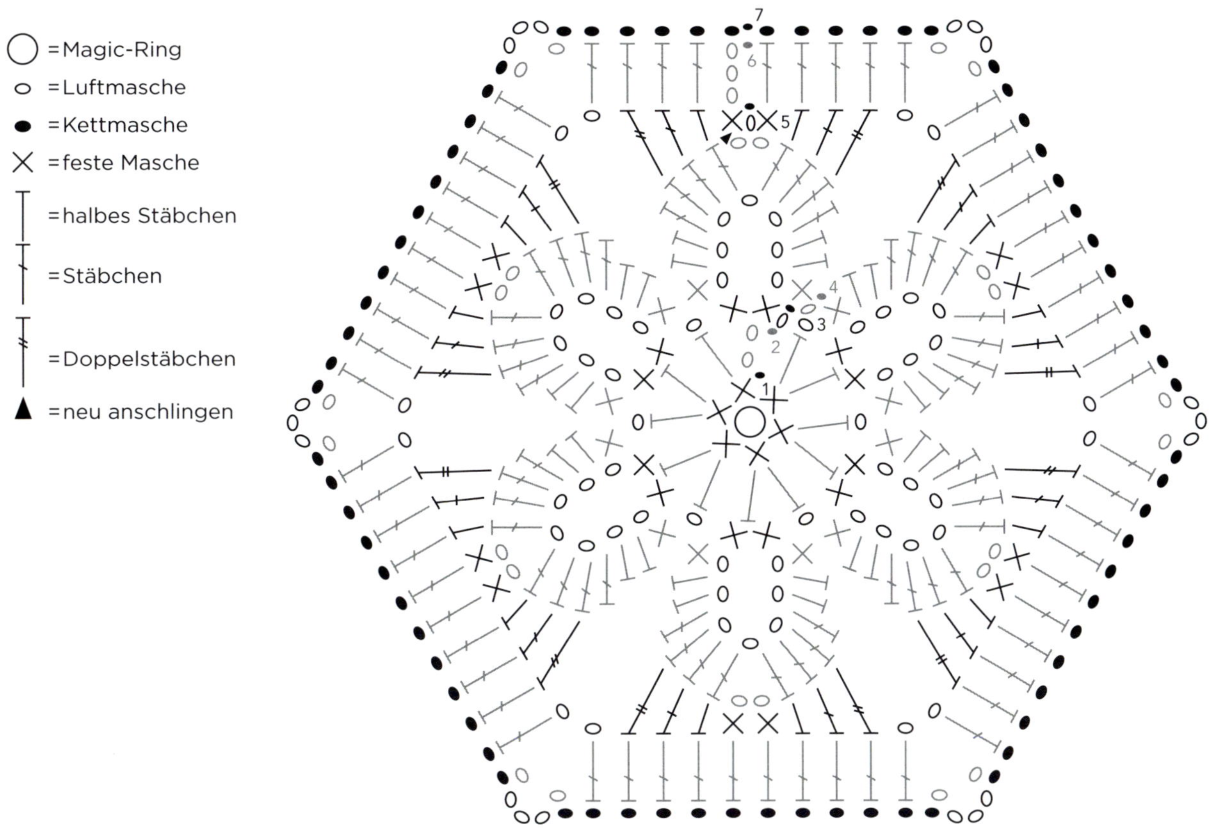

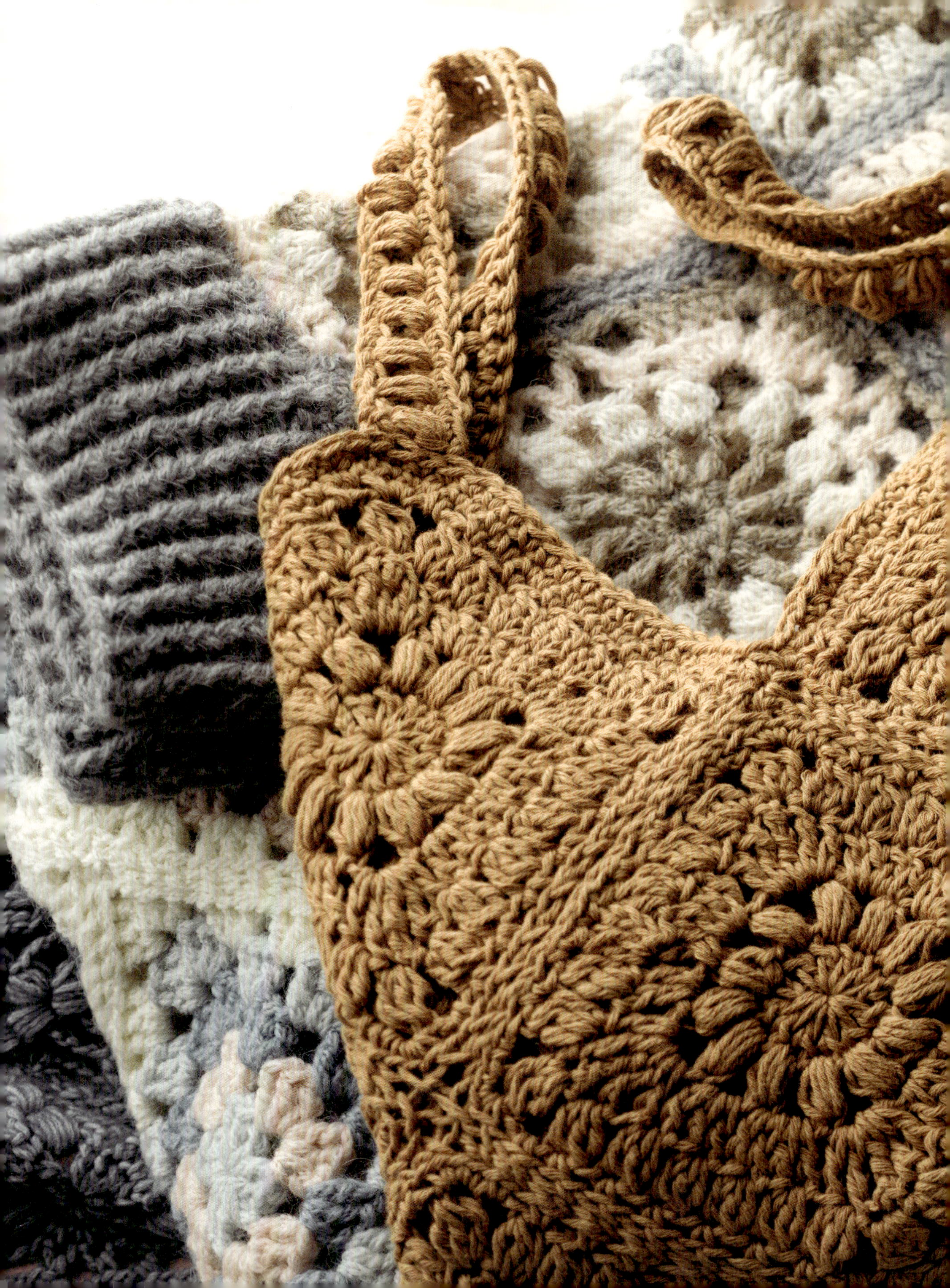

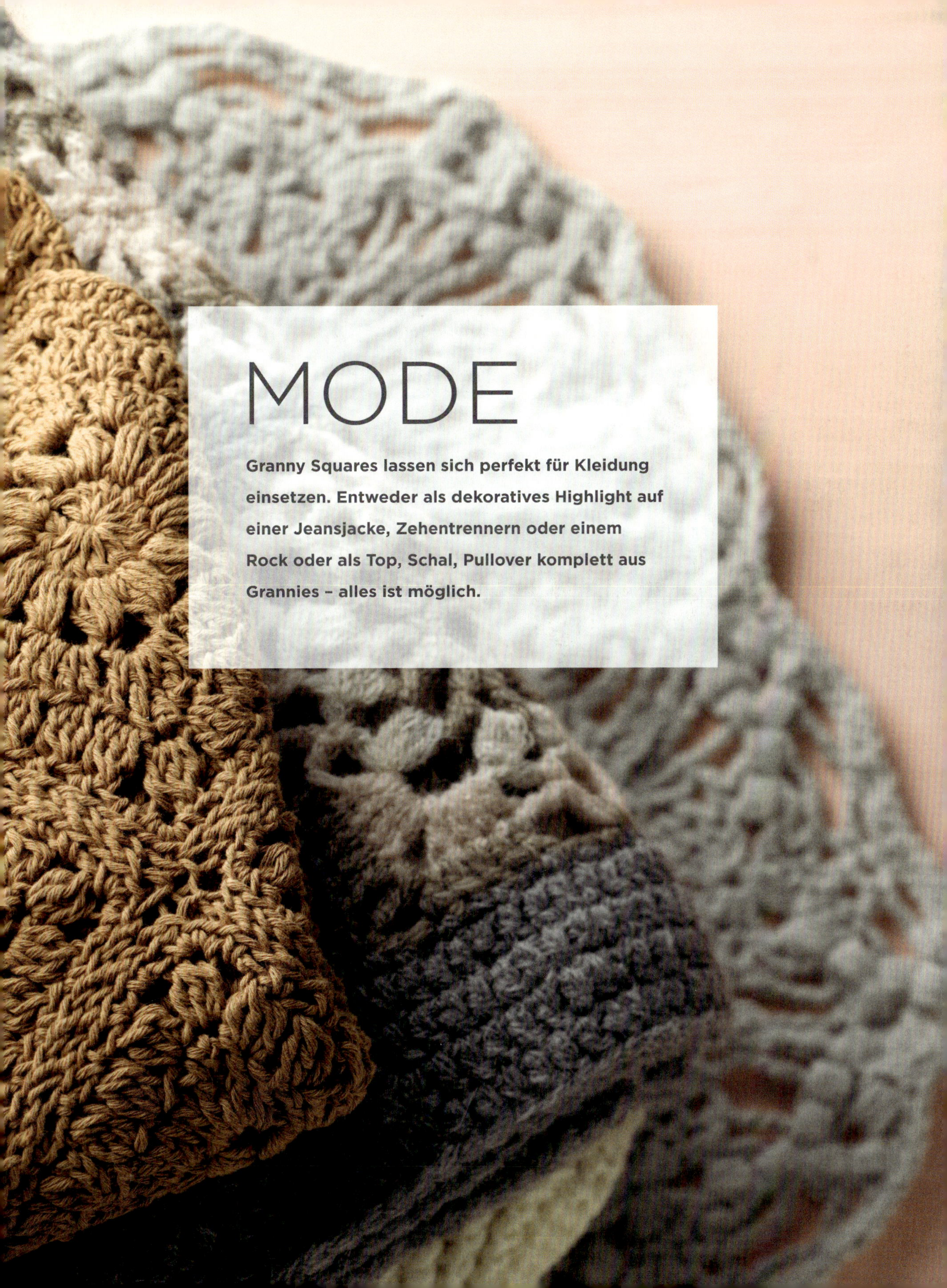

MODE

Granny Squares lassen sich perfekt für Kleidung einsetzen. Entweder als dekoratives Highlight auf einer Jeansjacke, Zehentrennern oder einem Rock oder als Top, Schal, Pullover komplett aus Grannies – alles ist möglich.

LÄSSIGE JEANSJACKE

individuell verziert

SCHWIERIGKEIT 2

GRÖSSE

Jacke: 36, 38/40, 42/44
Dreieck 1: ø 10/11/12 cm
Granny-Kreis 2:
ø 10/11/12 cm
Die Grannys können in drei Größen für Jacken in Größe 36, 38/40 und 42/44 gehäkelt werden. Die Angaben für die verschiedenen Größen sind durch Schrägstriche getrennt.

MATERIAL

- Schachenmayr Catania (LL 125 m/50 g) in Zimt (Fb 383), Burgund (Fb 394), Camouflage (Fb 414), Marsalarot (Fb 396) und Denim (Fb 421), je 50 g
- Häkelnadel 2,5/3,0/3,5 mm
- ggf. Nähmaschine
- farblich passendes Nähgarn
- Nähnadel

FARBFOLGE 1

1. Rd: Zimt, 2. Rd: Burgund, 3. Rd: Camouflage, 4. Rd: Marsalarot, 5. Rd: Denim

FARBFOLGE 2

1. Rd: Denim, 2. Rd: Zimt, 3. Rd: Burgund, 4. Rd: Camouflage, 5. Rd: Marsalarot

FARBFOLGE 3

1. Rd: Marsalarot, 2. Rd: Denim, 3. Rd: Zimt, 4. Rd: Burgund, 5. Rd: Camouflage

FARBFOLGE 4

1. Rd: Camouflage, 2. Rd: Marsalarot, 3. Rd: Denim, 4. Rd: Zimt, 5. Rd: Burgund

FARBFOLGE 5

1. Rd: Burgund, 2. Rd: Camouflage, 3. Rd: Marsalarot, 4. Rd: Denim, 5. Rd: Zimt

FARBFOLGE 6

1. Rd: Camouflage, 2.+3. Rd: Zimt, 4. Rd: Burgund, 5. Rd: Denim, 6. Rd: Marsalarot, 7. Rd: Camouflage

ANLEITUNG

GRANNYS

Das Dreieck 1 (siehe S. 12) jeweils 1x in den Fb-Folgen 1-5 mit Nd 2,5/3,0/3,5 mm anfertigen. Dabei in der 5. Rd alle Picots weglassen. Den Kreis 2 (siehe S. 30) 1x in der Fb-Folge 6 mit Nd 2,5/3,0/3,5 mm häkeln.

FERTIGSTELLEN

Alle Fäden vernähen. Dann die Grannys anfeuchten, gleichmäßig spannen und gut trocknen lassen. Die fertigen Grannys wie auf dem Foto auf der Rückseite der Jeansjacke anordnen und feststecken. Dann mit der Nähmaschine oder von Hand mit passendem Nähgarn festnähen.

TIPP Wenn Sie die Grannys von Hand auf die Jacke nähen, können Sie geteiltes Catania Garn verwenden. So hat man einen dünneren Faden in derselben Fb.

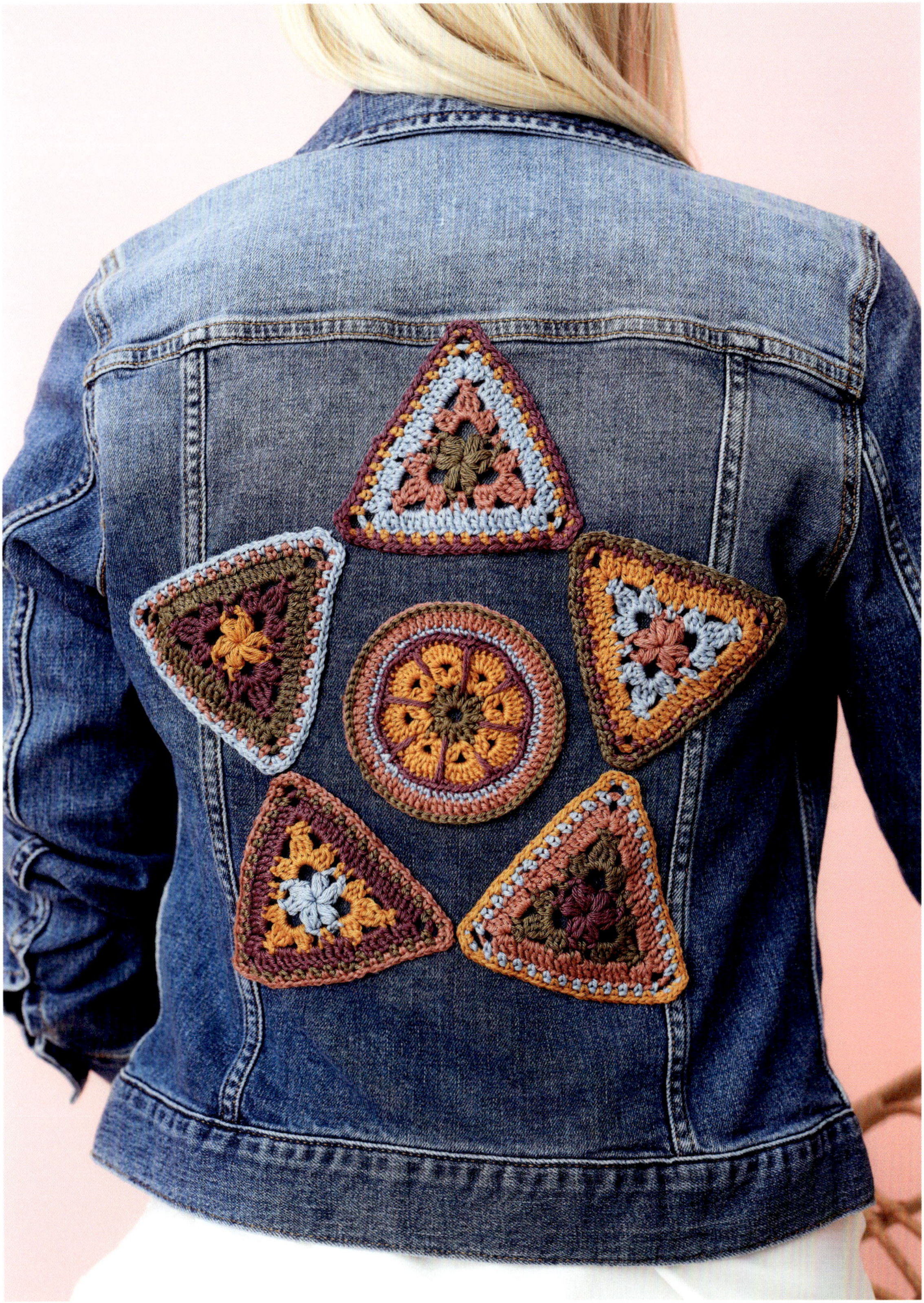

ROMANTISCHER PULLOVER

in zarten Farben

SCHWIERIGKEIT 2

GRÖSSE

Pullover: S/M/L/XL
Granny: 13,5 cm x 13,5 cm/ 13,5 cm x 13,5 cm/ 11,5 x 11,5 cm/11,5 x 11,5 cm
Die Grannys können in zwei Größen gehäkelt werden, um Ärmel für Pullover in Größe S, M, L und XL zusammenzusetzen. Die Angaben für die verschiedenen Größen sind durch Schrägstriche getrennt.

MATERIAL

- Lana Grossa Alta Moda Alpaca (LL 140 m/50 g) in Rohweiß (Fb 14), 550/600/650/700 g, in Zartrosa (Fb 84), Helles Jeansblau (Fb 81) und Pastellblau (Fb 82), je 100/100/100/100 g
- Häkelnadeln 5,0 mm und 6,0 mm

MASCHENPROBE

Mit Nd 6,0 mm im Netzmuster 17 M und 18 R = 10 cm x 10 cm

FARBFOLGE 1

1. Rd: Zartrosa, 2. Rd: Helles Jeansblau, 3. Rd: Pastellblau, 4. Rd: Zartrosa, 5. Rd: Rohweiß

FARBFOLGE 2

1. Rd: Helles Jeansblau, 2. Rd: Pastellblau, 3. Rd: Zartrosa, 4. Rd: Helles Jeansblau, 5. Rd: Rohweiß

FARBFOLGE 3

1. Rd: Pastellblau, 2. Rd: Zartrosa, 3. Rd: Helles Jeansblau, 4. Rd: Pastellblau, 5. Rd: Rohweiß

FARBFOLGE 4

1. Rd: Zartrosa, 2. Rd: Helles Jeansblau, 3. Rd: Pastellblau, 4. Rd: Rohweiß

FARBFOLGE 5

1. Rd: Helles Jeansblau, 2. Rd: Pastellblau, 3. Rd: Zartrosa, 4. Rd: Rohweiß

FARBFOLGE 6

1. Rd: Pastellblau, 2. Rd: Zartrosa, 3. Rd: Helles Jeansblau, 4. Rd: Rohweiß

HALBES RELIEFSTÄBCHEN VORNE

1 U auf die Nd nehmen und von vorne um den Hals des hStb der Vor-R einstechen und den Faden holen. Es liegen nun 3 Schlingen auf der Nd. Den Faden erneut holen und durch alle 3 Schlingen ziehen.

HALBES RELIEFSTÄBCHEN HINTEN

1 U auf die Nd nehmen und von hinten um den Hals des hStb der Vor-R einstechen und den Faden holen. Es liegen nun 3 Schlingen auf der Nd. Den Faden erneut holen und durch alle 3 Schlingen ziehen.

NETZMUSTER

Gerade M-Zahl.
1. R: * 1 fM, 1 Lm, 1 M überspringen, ab * fortlaufend wdh. Enden mit 2 fM. 1 Wende-Lm.
2. R: 1 fM, dann * 1 Lm, 1 M überspringen, 1 fM um den Lm-Bogen, ab * fortlaufend wdh. Enden mit 2 fM. 1 Wende-Lm.
Die 2. R fortlaufend wdh.

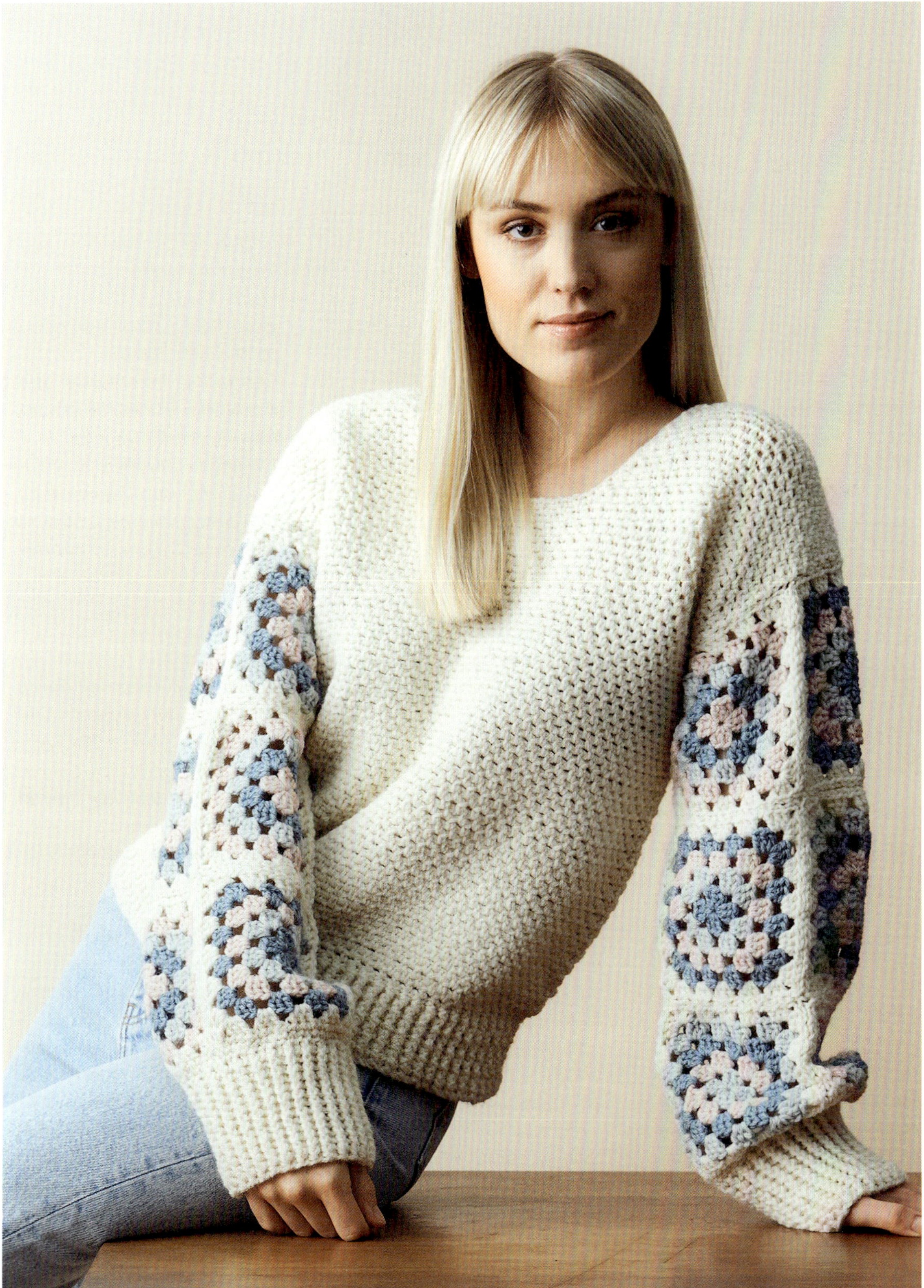

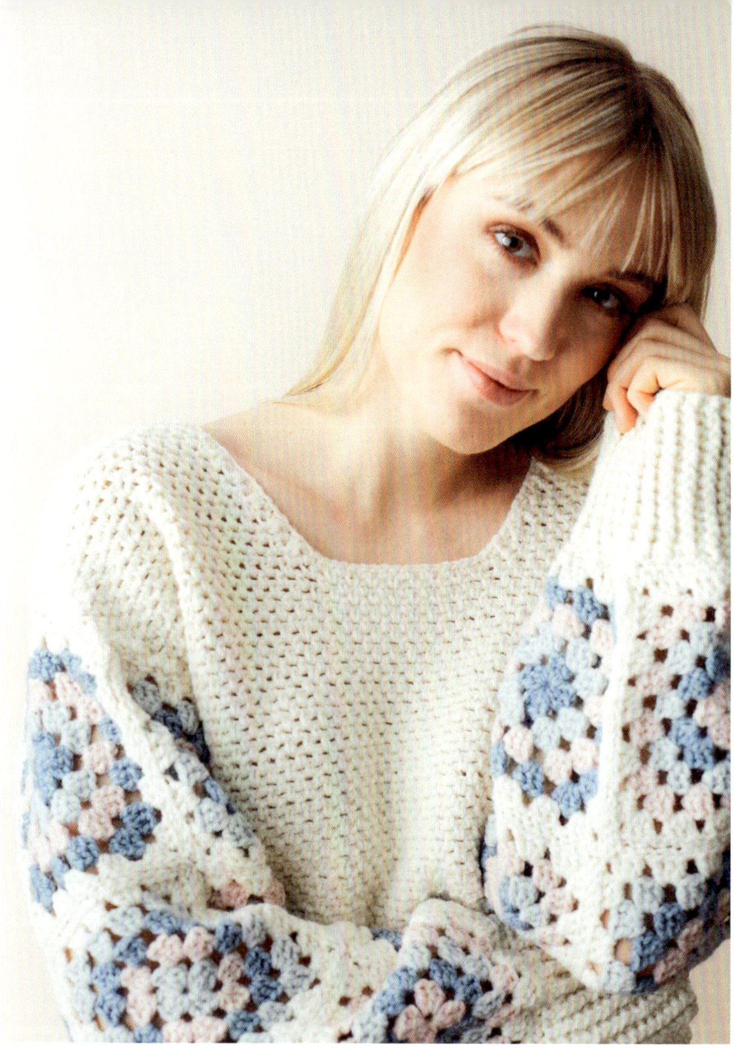

ANLEITUNG

Vorder- und Rückenteil werden beginnend mit dem Bündchen von unten nach oben in R gehäkelt. Nach jeder R werden 2 bzw. 1 Wende-Lm gearbeitet, dann die Arbeit wenden.

RÜCKENTEIL

Für das Bündchen in Rohweiß mit Nd 5,0 mm 85/93/101/109 Lm + 2 Wende-Lm locker anschl.

1. R: Ab der 3. Lm von der Nd aus hStb häkeln. 2 Wende-Lm (= 86/94/102/110 M).

2.-10/2.-10/2.-12/2.-12. R: * 1 Relief-hStb vorne, 1 Relief-hStb hinten, ab * fortlaufend wdh. Die R mit 1 Relief-hStb vorne beenden. 2 Wende-Lm. Nach der 10./10./12./12. R nur 1 Wende-Lm häkeln.

Zu Nd 6,0 mm wechseln und weiter im Netzmuster häkeln. Am Ende jeder R 1 Wende- Lm arb.

11./11./13./13. R: * 1 fM, 1 Lm, 1 M überspringen, ab * fortlaufend wdh. Enden mit 2 fM.

12./12./14./14.+jede weitere R: 1 fM, dann * 1 Lm, 1 M überspringen, 1 fM um den Lm-Bogen, ab * fortlaufend wdh. Enden mit 2 fM.

Nach 49/51/53/55 cm, nach einer Rückr, folgt nun das rechte Schulterteil.

Das rechte Schulterteil über die ersten 30/34/36/40 M häkeln. Am Ende jeder R 1 Wende- Lm arb.

1. R: 1 fM, 1 Lm, 1 M überspringen. Dann * 1 fM (um die Lm der Vor-R), 1 Lm, 1 M überspringen, ab * fortlaufend wdh. Die letzten 2 fM zusammen abmaschen (= 29/33/35/39 M).

2. R: 2 fM zusammen abmaschen, im Netzmuster häkeln, enden mit 2 fM (= 28/32/34/38 M).

3. R: Im Netzmuster häkeln. Enden mit 2 fM.

Den Faden durchziehen und trennen.

Für das linke Schulterteil an der 30./34./36./40. M (von links gezählt) neu anschlingen und wie folgt weiterhäkeln:

1. R: 2 fM zusammen abmaschen. Dann im Netzmuster häkeln. Enden mit 2 fM, 1 Wende-Lm (= 29/33/35/39 M).

2. R: Im Netzmuster häkeln, die letzten 2 fM zusammen abmaschen (= 28/32/34/38 M).

3. R: Im Netzmuster häkeln. Enden mit 2 fM.
Den Faden durchziehen und trennen. Das Rückenteil beenden.

VORDERTEIL

Zunächst wie das Rückenteil häkeln, aber nur bis zu einer Höhe von 42/44/46/48 cm (= 86/94/102/110 M).
Für das linke Schulterteil über die ersten 35/39/41/45 M weiterhäkeln. Am Ende jeder R 1 Wende- Lm arb.
1. R: 1 fM, 1 Lm, 1 M überspringen. Dann * 1 fM (um die Lm der Vor-R), 1 Lm, 1 M überspringen, ab * noch 15/17/18/20x wdh. Enden mit 1 fM.
2. R: 2 fM zusammen abmaschen, im Netzmuster häkeln (= 34/38/40/44 M).
3. R: Im Netzmuster häkeln.
4. R: 2 fM zusammen abmaschen, im Netzmuster häkeln (= 33/37/39/43 M).
5. R: Im Netzmuster häkeln.
6. R: 2 fM zusammen abmaschen, im Netzmuster häkeln (= 32/36/38/42 M).
7. R: Im Netzmuster häkeln.
8. R: 2 fM zusammen abmaschen, im Netzmuster häkeln (= 31/35/37/41 M).
9. R: Im Netzmuster häkeln.
10. R: 2 fM zusammen abmaschen, im Netzmuster häkeln (= 30/34/36/40 M).
11. R: Im Netzmuster häkeln.
12. R: 2 fM zusammen abmaschen, im Netzmuster häkeln (= 29/33/35/39 M).
13. R: Im Netzmuster häkeln.
14. R: 2 fM zusammen abmaschen, im Netzmuster häkeln (= 28/32/34/38 M).
15.+16. R: Im Netzmuster häkeln.
Den Faden durchziehen und trennen.
Für das rechte Schulterteil an der 35./39./41./45. M (von rechts gezählt) neu anschlingen und wie folgt weiterarb:
1. R: Im Netzmuster häkeln.
2. R: Im Netzmuster häkeln, die letzten 2 fM zusammen abmaschen (= 34/38/40/44 M).
3. R: Im Netzmuster häkeln.
4. R: Im Netzmuster häkeln, die letzten 2 fM zusammen abmaschen (= 33/37/39/43 M).
5. R: Im Netzmuster häkeln.
6. R: Im Netzmuster häkeln, die letzten 2 fM zusammen abmaschen (= 32/36/38/42 M).
7. R: Im Netzmuster häkeln.
8. R: Im Netzmuster häkeln, die letzten 2 fM zusammen abmaschen (= 31/35/37/41 M).
9. R: Im Netzmuster häkeln.

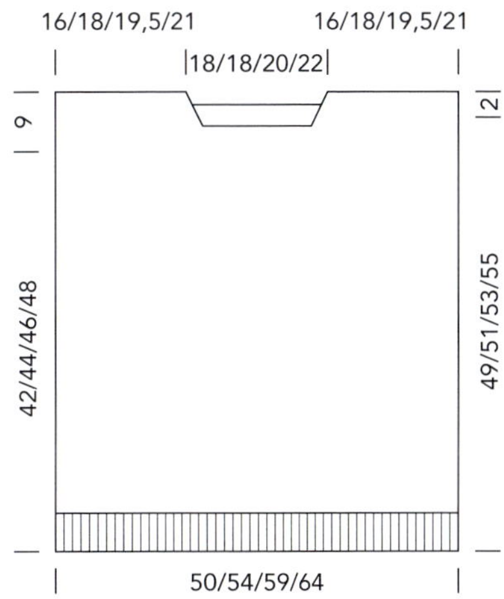

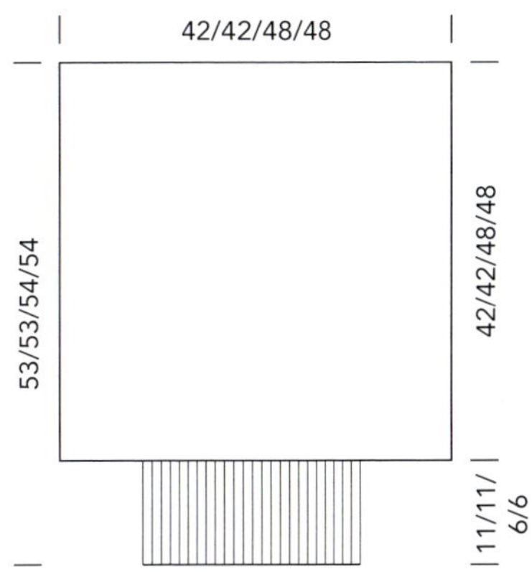

10. R: Im Netzmuster häkeln, die letzten 2 fM zusammen abmaschen (= 30/34/36/40 M).
11. R: Im Netzmuster häkeln.
12. R: Im Netzmuster häkeln, die letzten 2 fM zusammen abmaschen (= 29/33/35/39 M).
13. R: Im Netzmuster häkeln.

14. R: Im Netzmuster häkeln, die letzten 2 fM zusammen abmaschen (= 28/32/34/38 M).
15.+16. R: Im Netzmuster häkeln.
Den Faden durchziehen und trennen.

ÄRMEL (2x)

Größen S/M: Mit Nd 6,0 mm das Quadrat 3 (siehe S. 20) je 6x in den Fb-Folgen 1-3 anfertigen. Nach der letzten Rd den Faden jeweils lang abschneiden. 9 Grannys entsprechend der Schemazeichnung anordnen und mit dem Endfaden in Rohweiß zusammennähen.
Größen L/XL: Mit Nd 6,0 mm die 1.-4 Rd des Quadrats 3 (siehe S. 20) 32x wie folgt anfertigen: 10 Grannys in Fb-Folge 4, 12 Grannys in Fb-Folge 5 und 10 Grannys in Fb-Folge 6. Nach der letzten Rd den Faden jeweils lang abschneiden. 16 Grannys entsprechend der Schemazeichnung anordnen und mit dem Endfaden in Rohweiß zusammennähen.
Alle Größen: Alle Fäden vernähen. Das Häkelstück auf kleinster Stufe von links glatt und in Form bügeln. Die Grannys für den 2. Ärmel genauso zusammennähen.

PULLOVER ZUSAMMENNÄHEN

Vorder- und Rückteil an den Schulternähten zusammennähen. Dann die Ärmel einsetzen und die Ärmelnähte schließen. Zum Schluss die Seitennähte schließen. An der rückwärtigen Mitte einen neuen Faden in Rohweiß anschlingen und den Halsausschnitt mit fM umhäkeln. Die Rd mit 1 Km schließen. Den Faden durchziehen und trennen.

ÄRMELBÜNDCHEN

In Rohweiß mit Nd 5,0 mm an einem Ärmel anschlingen und wie folgt häkeln:
1. Rd: In jede M 1 fM häkeln. Die Rd mit 1 Km schließen (= 63/63/68/68 M).
2. Rd: In jede M 1 fM häkeln, dabei gleichmäßig verteilt 12/8/9/5 fM abnehmen. Die Rd mit 1 Km schließen (= 51/55/59/63 M).
3. Rd: 2 Lm (für 1 hStb), dann in jede M 1 hStb häkeln. Die Rd mit 1 Km in die 2. Lm vom Rd-Beginn schließen.
4.-17./4.-17./4.-10./4.-10. Rd: 2 Lm (für 1 hStb), dann * 1 Relief-hStb vorne, 1 Relief-hStb hinten, ab * fortlaufend wdh. Die Rd mit 1 Km in die 2. Lm vom Rd-Beginn schließen. Den Faden durchziehen und trennen.
Das 2. Ärmelbündchen genauso häkeln.

FERTIGSTELLEN

Alle Fäden vernähen. Den Pullover auf kleinster Stufe von links glatt und in Form bügeln.

ÄRMEL GRÖSSE S/M

1	2	3
2	3	1
3	1	2

ÄRMEL GRÖSSE L/XL

4	5	6	5
5	6	4	6
6	4	5	4
4	5	6	5

LUFTIGES **TOP**

im Festival-Style

SCHWIERIGKEIT 2

GRÖSSEN

Top: XS/S/M/L
Granny:
13 cm x 13 cm/
14 cm x 14 cm/
15 cm x 15 cm/
16 cm x 16 cm

Die Grannys können in vier Größen gehäkelt werden, um Tops in den Größen XS, S, M und L zusammenzusetzen. Die Angaben für die verschiedenen Größen sind durch Schrägstriche voneinander getrennt.

MATERIAL

- Woll Butt Primo Linda Uni (LL 98 m/50 g) in Hellbraun (Fb 33886), 250/300/350/350 g
- Häkelnadel 4,5/4,5/4,5/5,0 mm

4ER-BÜSCHEL-MASCHE

* 1 U auf die Nd nehmen, in die M einstechen, den Faden durchholen. Ab * noch 3x wdh. Es liegen 9 Schlingen auf der Nd. Den Faden holen und durch alle 9 Schlingen ziehen.

ANLEITUNG

GRANNYS

Die 1.-5./1.-6./1.-7./1.-7. Rd des Quadrats 4 (siehe S. 22) 12x mit Nd 4,5/4,5/4,5/5,0 mm anfertigen.
Alle Fäden vernähen. Die fertigen Grannys entspre-

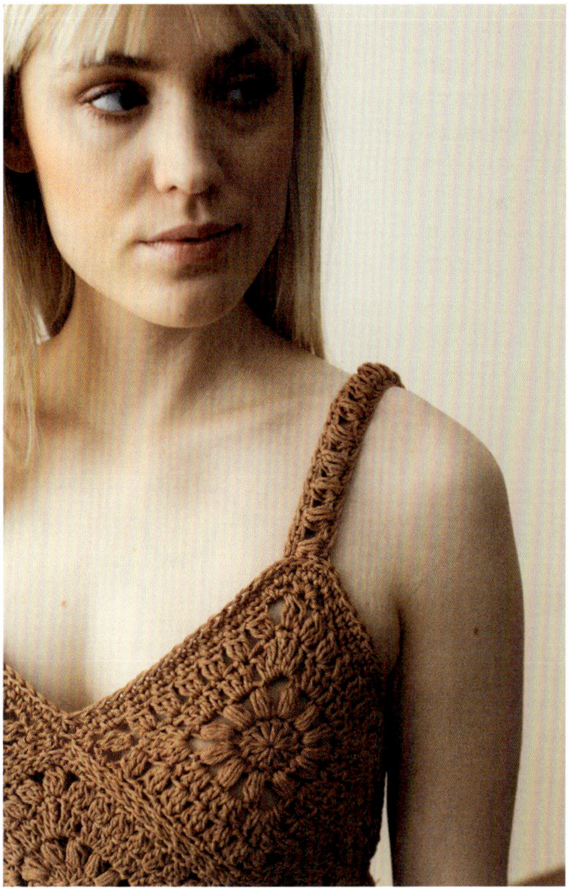

chend der Schemazeichnung anordnen und zusammennähen. Dann das Häkelstück anfeuchten und vorsichtig glatt und in Form bügeln.

UMRANDUNG

An der oberen rückwärtigen Mitte einen neuen Faden anschlingen und das Top wie folgt mit fM umhäkeln:

1.+2. Rd: 1 Lm, dann in jede M bzw. um jede Lm der letzten Rd des jeweiligen Grannys 1 fM häkeln. Dabei in den inneren Ecken 3 fM zusammen abmaschen. Die Rd mit 1 Km schließen.

Die Unterseite genauso umhäkeln.

TRÄGER (2x)

Die Länge der Träger sollte man individuell abmessen. Ein Richtwert für dieses Top sind ca. 26/29/32/35 cm. Dafür eine Lm-Kette (ungerade M-Zahl + 1 Wende-Lm) locker anschl und wie folgt häkeln:

1. R: In jede M 1 fM häkeln, dabei die 1. fM in die 2. Lm von der Nd aus arb. Den Arbeitsfaden lang ziehen und die Arbeit wenden.

2. R: * (1 Büschel-M, 1 Lm, 1 M überspringen), ab fortlaufend wdh. Die R mit 1 Büschel-M beenden. 1 Wende-Lm, Arbeit wenden.

3. R: In jede M 1 fM häkeln. Den Faden durchziehen und trennen.

Den 2. Träger genauso arb.

FRANSEN

Für die Fransen Fäden mit einer Länge von ca. 20 cm abschneiden. Jeweils 4 Fäden mit der Häkelnadel in jede 2. M an der Unterseite einknüpfen.

FERTIGSTELLEN

Die Träger an das Top nähen, alle Fäden vernähen und die Fransen gleichmäßig auf eine Länge schneiden.

TIPP Das Top lässt sich ganz einfach verlängern, indem man 4 Grannys mehr häkelt und diese entsprechend unten annäht.

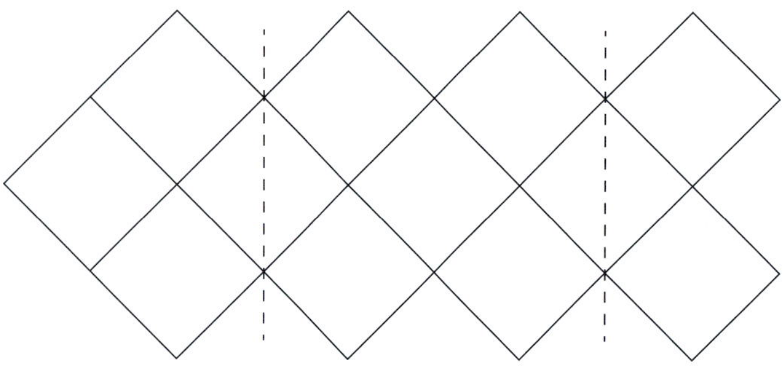

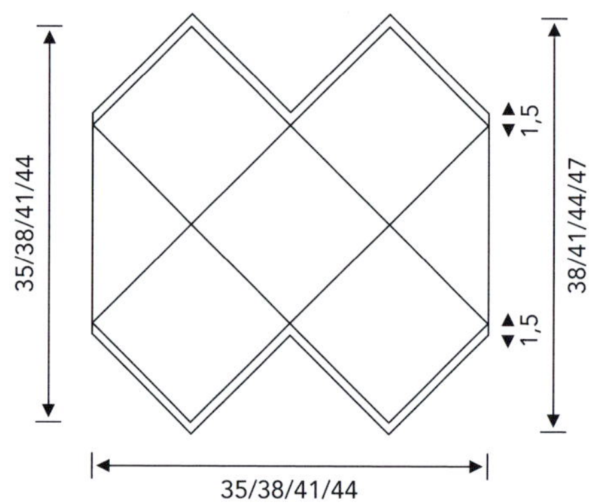

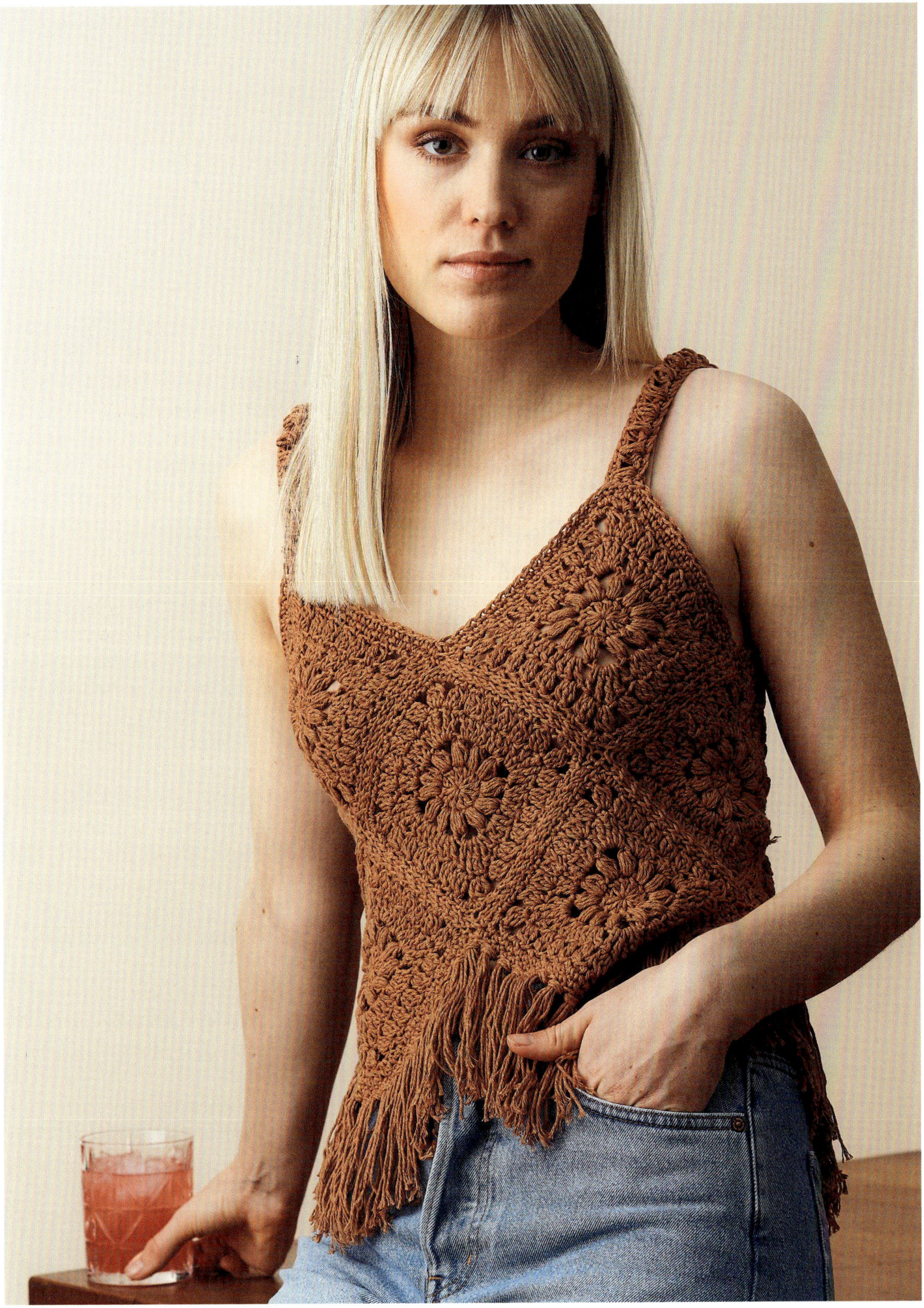

BEQUEMER SEELENWÄRMER

für Sommerabende

SCHWIERIGKEIT 2

GRÖSSE

36-40/42-46
Granny: 14 cm x 14 cm
Die Angaben für die verschiedenen Größen sind durch Schrägstriche voneinander getrennt.

MATERIAL

- Lana Grossa Baby Light (LL 180 m/50 g) in Graubeige (Fb 10), Natur (Fb 11) und Blassrosa (Fb 19), je 100/150 g, in Hellgrau (Fb 12), 150/200 g
- Häkelnadel 5,0 mm

FARBFOLGE 1

1.+2. Rd: Blassrosa, 3. Rd: Graubeige, 4. Rd: Natur, 5. Rd: Blassrosa, 6. Rd: Hellgrau

FARBFOLGE 2

1.+2. Rd: Natur, 3. Rd: Blassrosa, 4. Rd: Graubeige, 5. Rd: Natur, 6. Rd: Hellgrau

FARBFOLGE 3

1.+2. Rd: Graubeige, 3. Rd: Natur, 4. Rd: Blassrosa, 5. Rd: Graubeige, 6. Rd: Hellgrau

HALBES RELIEFSTÄBCHEN VON VORNE

1 U auf die Nd nehmen und von vorne um den Hals des hStb der Vor-Rd einstechen und den Faden holen. Es liegen nun 3 Schlingen auf der Nd. Den Faden holen und durch alle 3 Schlingen ziehen.

HALBES RELIEFSTÄBCHEN VON HINTEN

1 U auf die Nd nehmen und von hinten um den Hals des hStb der Vor-Rd einstechen und den Faden holen. Es liegen nun 3 Schlingen auf der Nd. Den Faden holen und durch alle 3 Schlingen ziehen.

ANLEITUNG

GRANNYS

Das Quadrat 1 (siehe S. 16) 30/42x anfertigen: 10/14 Grannys in Fb-Folge 1, 10/14 Grannys in Fb-Folge 2 und 10/14 Grannys in Fb-Folge 3.

ZUSAMMENNÄHEN

Die fertigen Grannys entsprechend der Schemazeichnung anordnen und in Hellgrau zusammennähen. Das gesamte Häkelstück zur Hälfte legen, sodass ein Rechteck von 84 cm x 35 cm/98 cm x 42 cm entsteht. Dann die Schmalkanten von den offenen Kanten zur Umbruchlinie hin jeweils 18/22 cm mit Überwendlingsstichen zusammennähen. Die restlichen 17/20 cm bleiben offen für die Arme (= 34/40 cm Umfang für die Ärmel).

UMRANDUNG

Die offene Seite mit Stb umhäkeln. Dazu einen neuen Faden in Hellgrau an der rückwärtigen Mitte anschlingen:
1.-4./1.-5. Rd: 3 Lm (für 1 Stb), dann in jede M 1 Stb häkeln. Die Rd mit 1 Km in

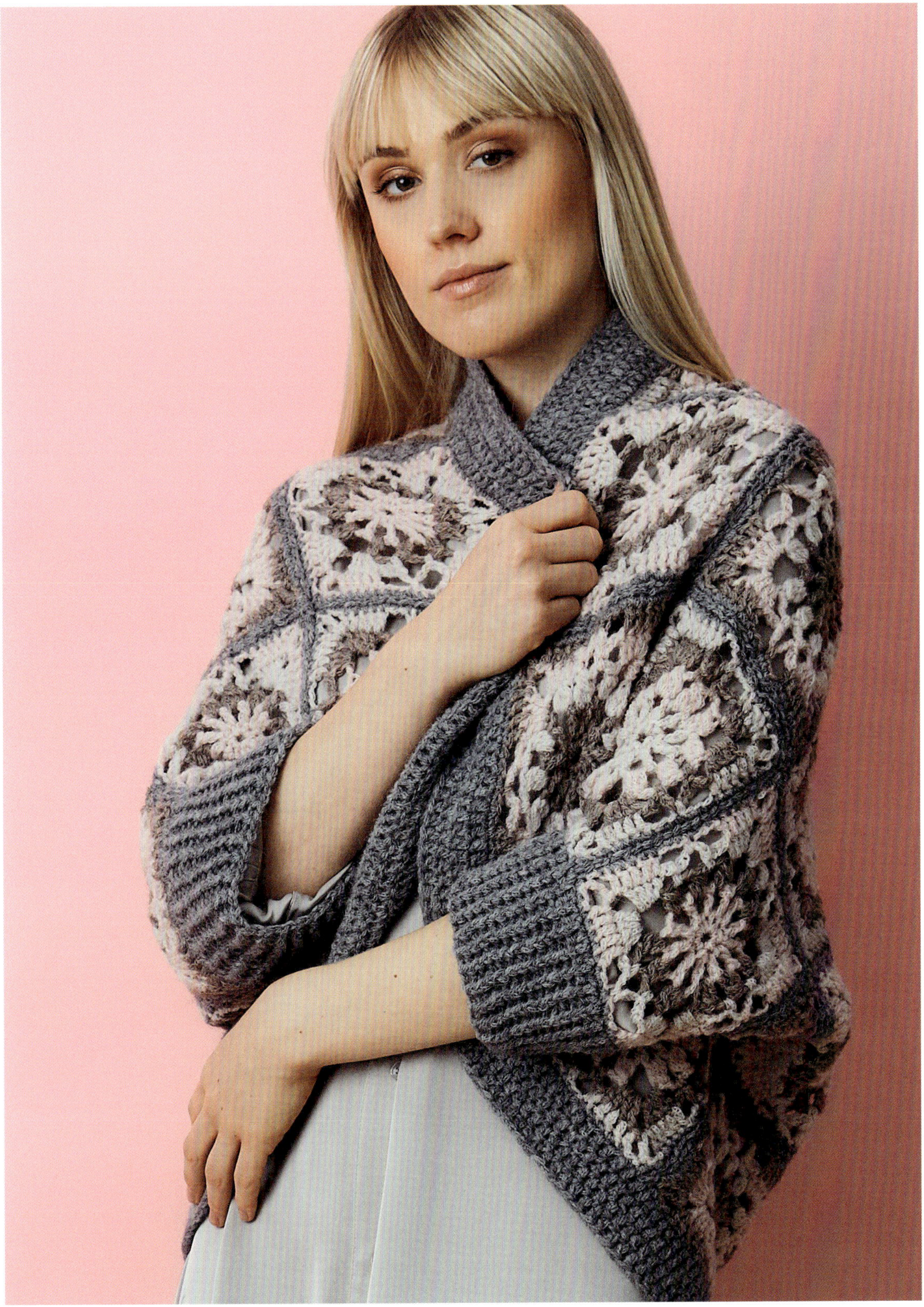

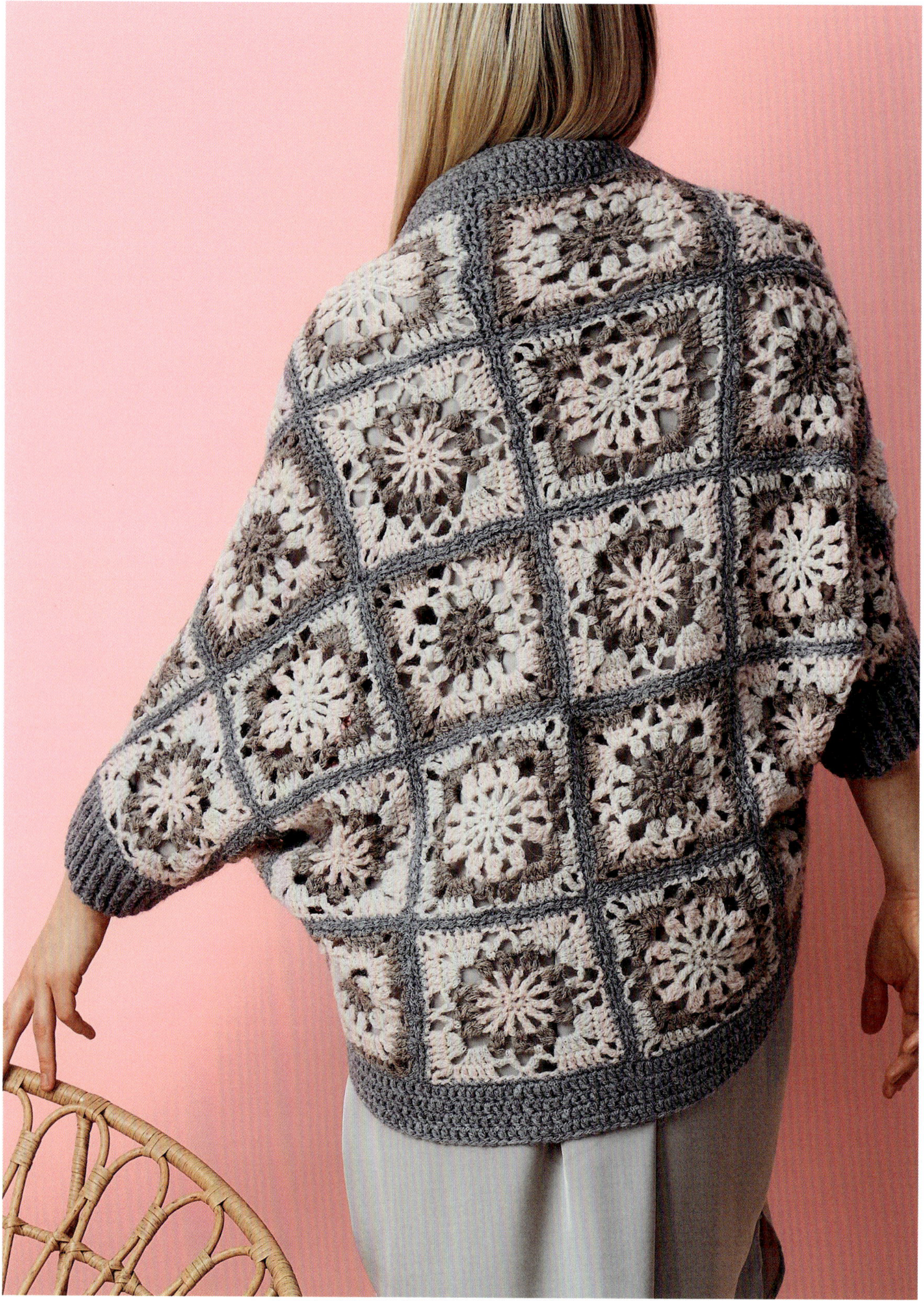

die 3. Lm vom Rd-Beginn schließen. Den Faden durchziehen und trennen.

ÄRMEL (2x)

Für die Ärmel einen neuen Faden in Hellgrau anschlingen und wie folgt häkeln:

1. Rd: 2 Lm (für 1 hStb), dann in jede M 1 hStb häkeln. Die Rd mit 1 Km in die 2. Lm vom Rd-Beginn schließen.

2.-12./2.-15. Rd: 2 Lm, dann * 1 halbes Relief-Stb vorne, 1 halbes Relief-Stb hinten häkeln, ab * fortlaufend wdh. Die Rd mit 1 Km in die 2. Lm vom Rd-Beginn schließen. Den Faden durchziehen und trennen. Den 2. Ärmel genauso häkeln.

FERTIGSTELLEN

Alle Fäden vernähen.

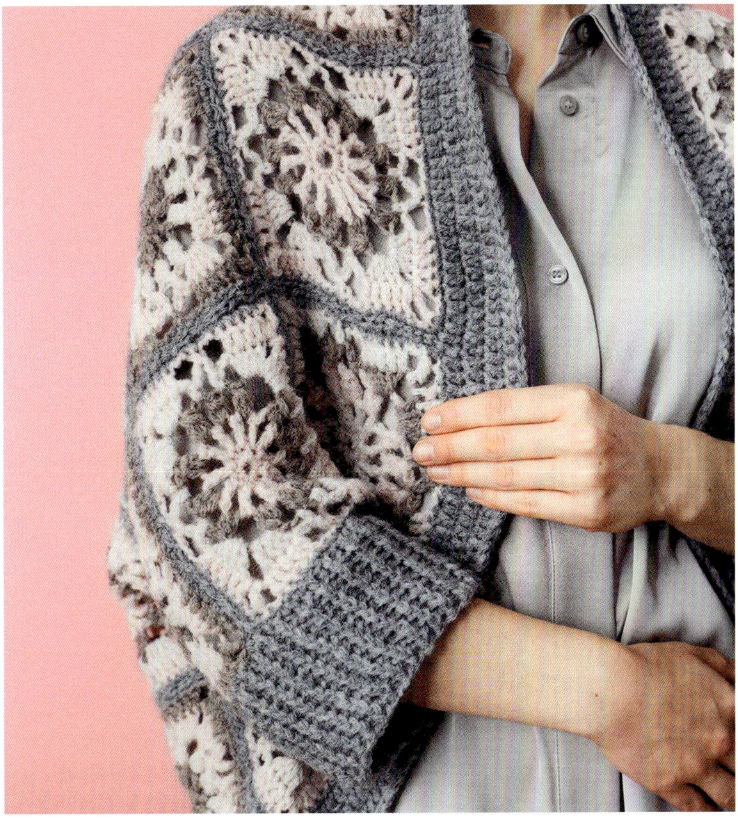

GRÖSSE 36-42

3	1	2	3	1	2
2	3	1	2	3	1
1	2	3	1	2	3
3	1	2	3	1	2
2	3	1	2	3	1

Höhe: 70 – Breite: 84

GRÖSSE 42-46

3	2	1	3	1	2	3
2	1	3	2	3	1	2
1	3	2	1	2	3	1
3	2	1	3	1	2	3
2	1	3	2	3	1	2
1	3	2	1	2	3	1

Höhe: 84 – Breite: 98

FRECHE ZEHENTRENNER

im Boho-Look

SCHWIERIGKEIT 2

GRÖSSE

Flip-Flops: 37/38, 39/40, 41/42
Granny: ø 8/8/9 cm
Die Grannys können in zwei Größen gehäkelt werden, um Flip-Flops in den Größen 37/38, 39/40 und 41/42 aufzupeppen. Die Angaben für die verschiedenen Größen sind durch Schrägstriche voneinander getrennt.

MATERIAL

- Schachenmayr Catania (LL 125 m/50 g) in Sun Kissed (Fb 437), 50 g, in Ivory (Fb 436) und Bast (Fb 257), Reste
- Häkelnadel 2,5/2,5/3,0 mm
- 1 Paar Flip-Flops

FARBFOLGE

1. Rd: Bast, 2. Rd: Ivory, 3. Rd: Sun Kissed

ANLEITUNG

GRANNYS

Die 1.-3. Rd des Dreieckes 1 (siehe S. 12) in der angegebenen Fb-Folge 2x mit Nd 2,5/2,5/3,0 mm anfertigen. Nach der 3. Rd den Faden durchziehen und lang abschneiden.

RIEMEN UMHÄKELN

Mit Nd 2,5/2,5/3,0 mm einen Faden in Sun Kissed am inneren Riemen des rechten Schuhs wie folgt anschlingen: Den Faden unter dem Riemen mit der Nd durchholen, den Faden erneut holen und über dem Riemen durch die Schlinge auf der Nd ziehen. Den Faden wieder unter dem Riemen durchholen. Es liegen nun 2 Schlingen auf der Nd. Den Faden holen und über dem Riemen durch die beiden auf der Nd befindlichen Schlingen ziehen (= 1. M). Nun den kompletten Riemen mit Km umhäkeln. Dabei darauf achten, dass die M dicht an dicht liegen und keine Zwischenräume bleiben. Am Ende den Faden durchziehen und vernähen. Den 2. Riemen ebenso umhäkeln, dabei am äußeren Riemen des linken Schuhs anschlingen.

FERTIGSTELLEN

Die Grannys mit einer Flechtnaht (siehe Seite 103) an den Riemen nähen. Alle Fäden vernähen.

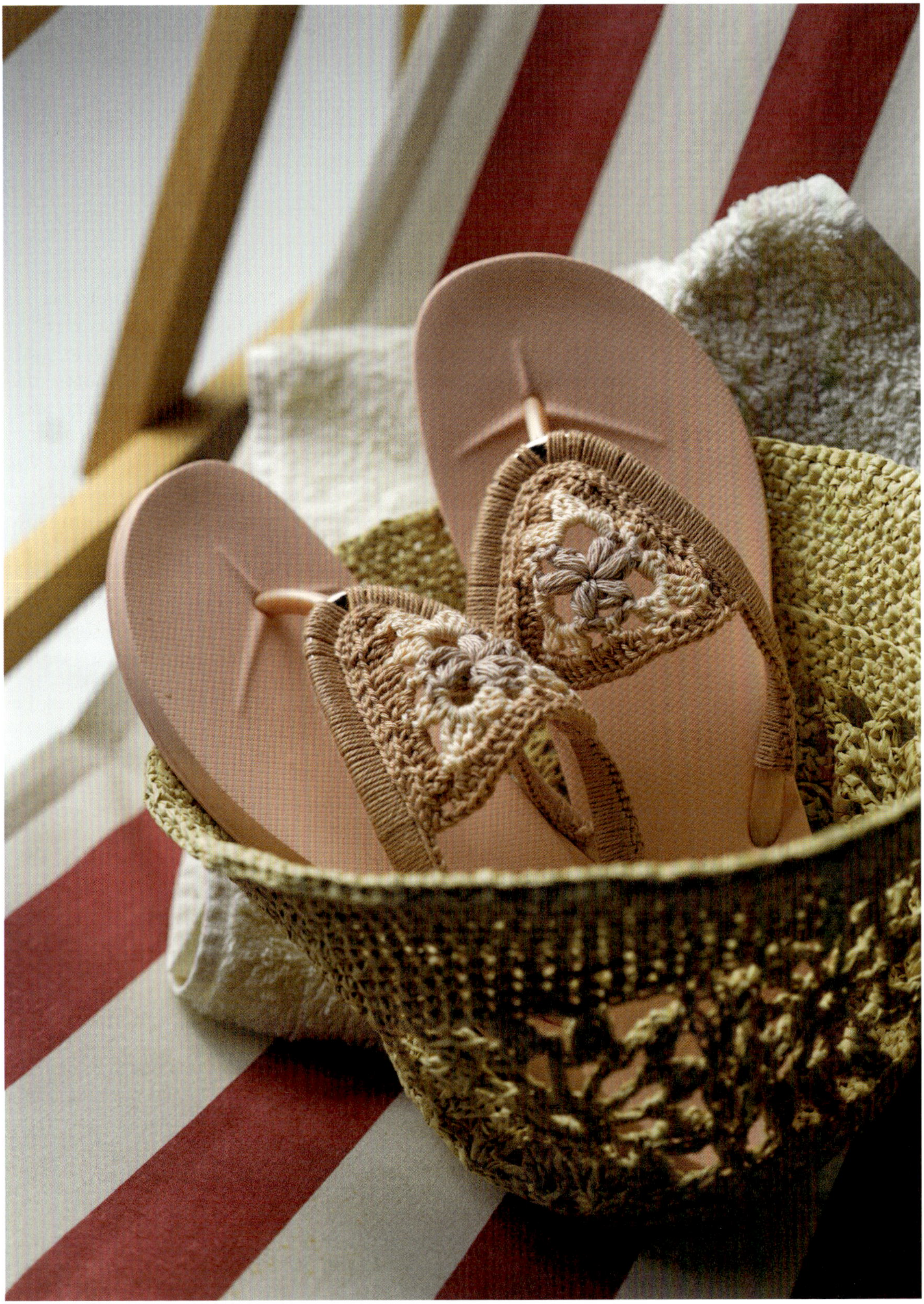

ROCK MIT BORTE

Fertigteil aufgepeppt

SCHWIERIGKEIT 1

GRÖSSE

Rock: 36 (Unterkante 100 cm)
Granny: 6 cm x 6 cm

MATERIAL

- Schachenmayr Catania (LL 125 m/50 g) in Leinen (Fb 248), Bast (Fb 257) und Sand (Fb 404), je 50 g
- Häkelnadel 2,5 mm
- ggf. Nähmaschine
- farblich passendes Nähgarn

FARBFOLGE 1

1. Rd: Bast, 2. Rd: Leinen, 3. Rd: Sand

FARBFOLGE 2

1. Rd: Leinen, 2. Rd: Bast, 3. Rd: Sand

ANLEITUNG

GRANNYS

Die 1.-3. Rd des Quadrats 2 (siehe S. 18) insgesamt 16x anfertigen, dabei 8 Grannys in der Fb-Folge 1 und 8 Grannys in der Fb-Folge 2.

FERTIGSTELLEN

Für die Häkelkante des Jeansrocks die fertigen Grannys farblich abwechselnd anordnen und in Sand an den Seiten zu einem Band zusammennähen. An der rückwärtigen Mitte einen neuen Faden in Sand anschlingen und die Grannys oben und unten mit 1 Rd fM umhäkeln. Die Rd mit 1 Km schließen. Alle Fäden vernähen. Zum Schluss das Band an der Unterseite des Rocks, am besten mit der Nähmaschine, festnähen.

HINWEIS Die Häkelkante kann beliebig länger oder kürzer angefertigt und passend für Ihren Rock gehäkelt werden. Ist die Unterkante kürzer oder länger, entsprechend weniger oder mehr Grannys häkeln.

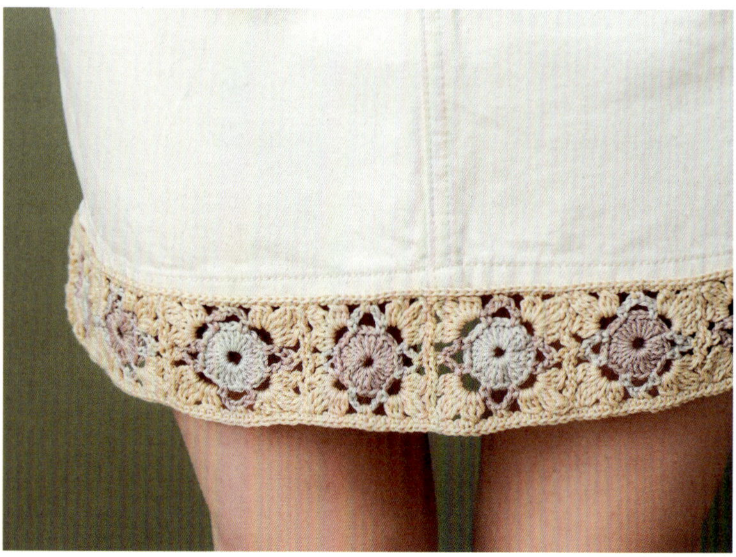

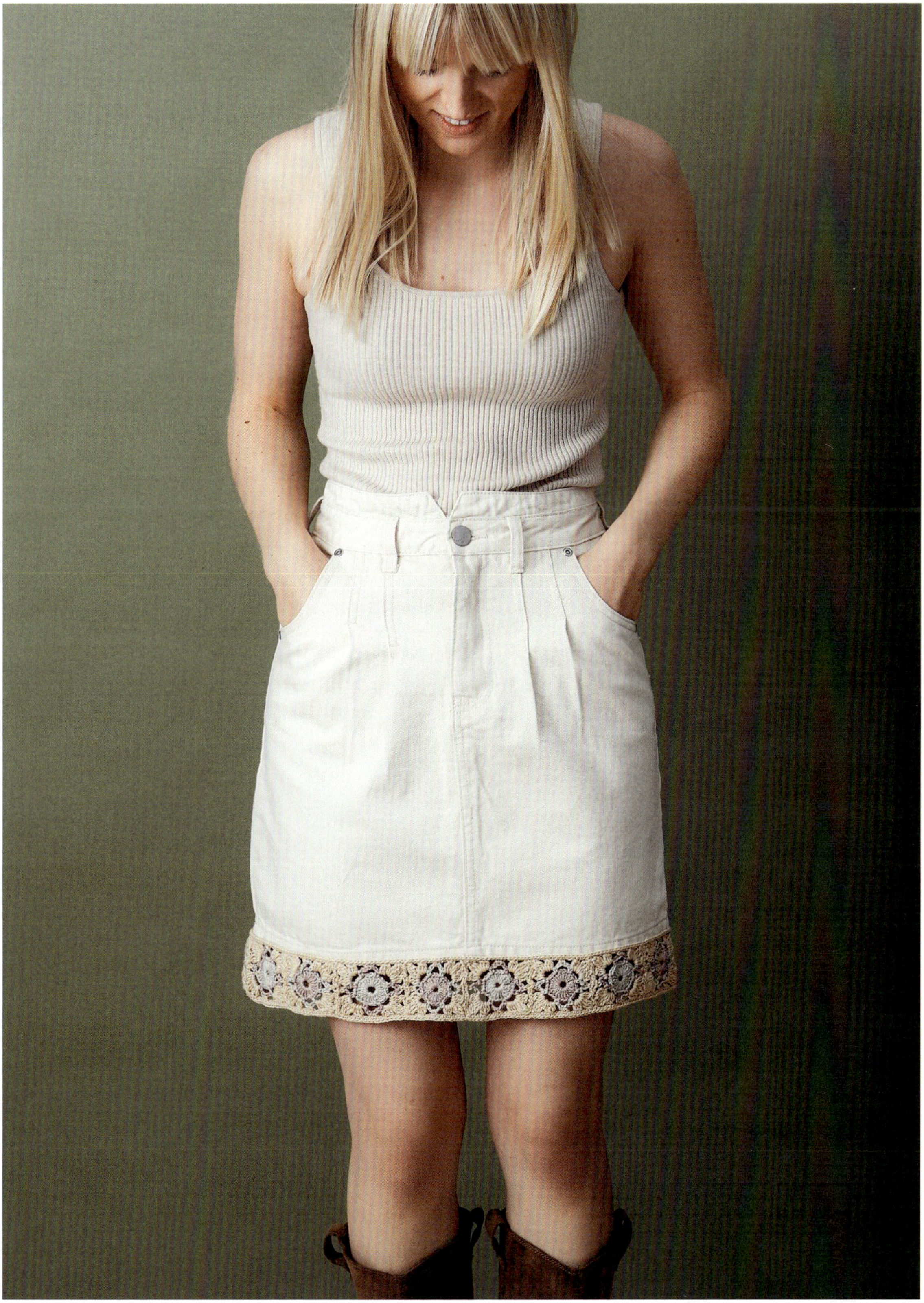

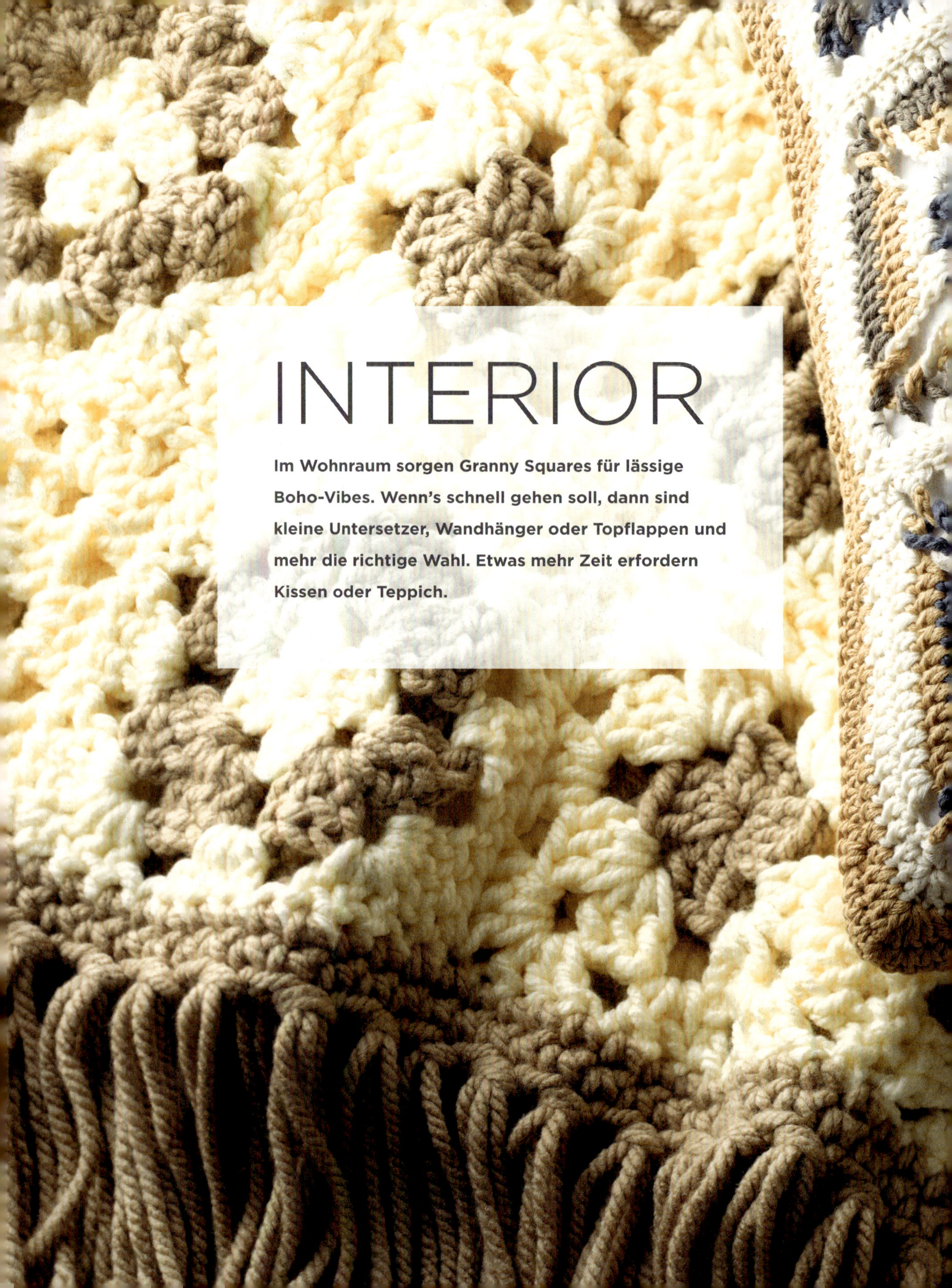

INTERIOR

Im Wohnraum sorgen Granny Squares für lässige Boho-Vibes. Wenn’s schnell gehen soll, dann sind kleine Untersetzer, Wandhänger oder Topflappen und mehr die richtige Wahl. Etwas mehr Zeit erfordern Kissen oder Teppich.

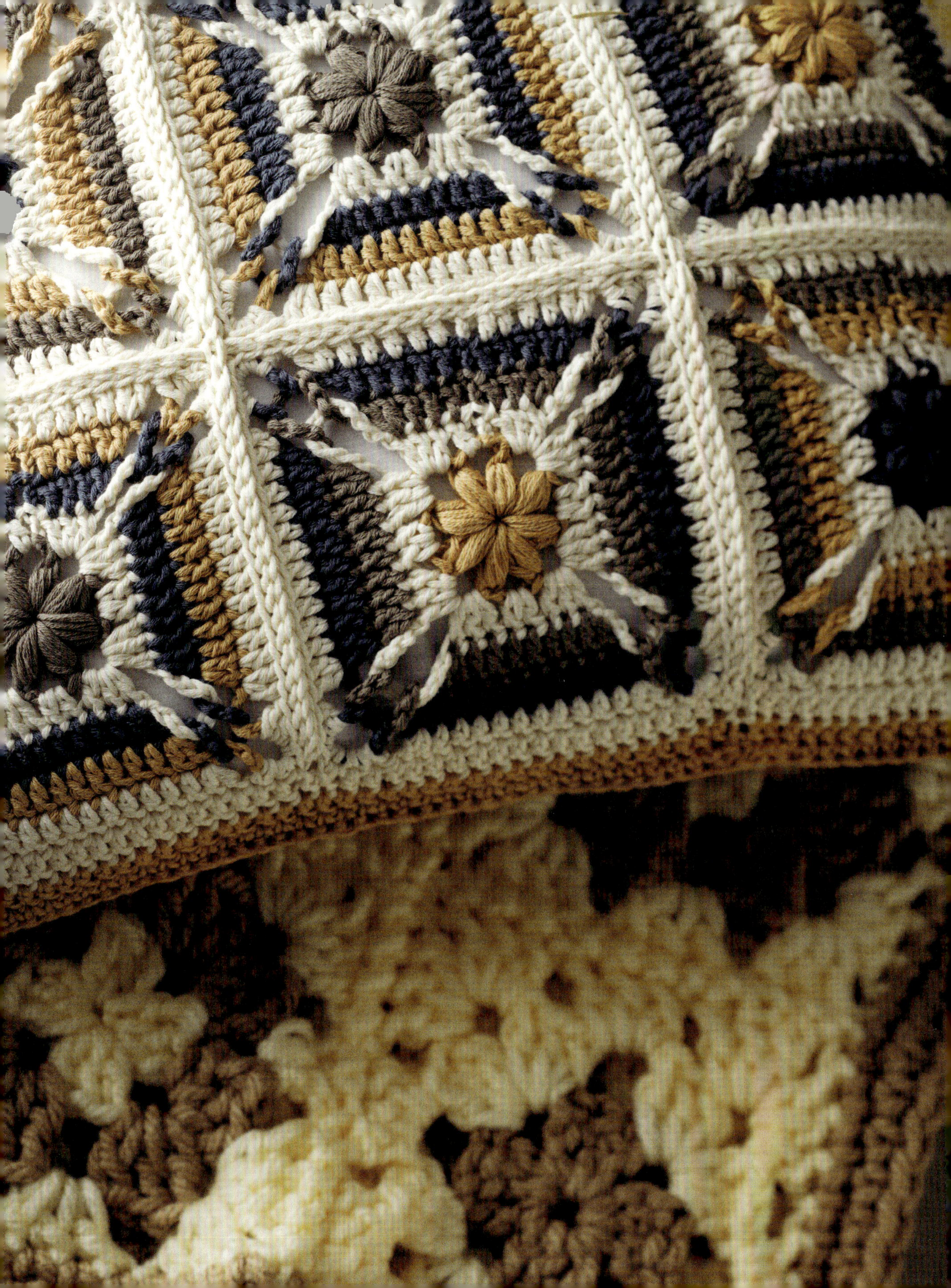

GEMÜTLICHES KISSEN

in dezenten Farben

SCHWIERIGKEIT 2

GRÖSSE

Kissenbezug:
50 cm x 50 cm
Granny: 15 cm x 15 cm

MATERIAL

- Lana Grossa Linea Pura Organico (LL 90 m/50 g) in Ecru (Fb 6), 200 g, in Camel (Fb 141), 150 g, in Jeansblau (Fb 57) und Taupe (Fb 3), je 100 g
- Häkelnadel 5,0 mm
- Füllkissen, 50 cm x 50 cm

FARBFOLGE 1

1. Rd: Camel, 2. Rd: Ecru, 3. Rd: Taupe, 4. Rd: Jeansblau, 5. Rd: Ecru

FARBFOLGE 2

1. Rd: Jeansblau, 2. Rd: Ecru, 3. Rd: Camel, 4. Rd: Taupe, 5. Rd: Ecru

FARBFOLGE 3

1. Rd: Taupe, 2. Rd: Ecru, 3. Rd: Jeansblau, 4. Rd: Camel, 5. Rd: Ecru

ANLEITUNG

GRANNYS

Das Quadrat 6 (siehe S. 26) 18x häkeln, jeweils 6x in den Fb-Folgen 1-3. Alle Fäden vernähen. Die Grannys für die Vorders- und Rückseite entsprechend der Schemazeichnung anordnen und in Ecru mit Km zusammenhäkeln.

UMRANDUNG

Einen Faden in Ecru an der Vorderseite neu anschlingen und wie folgt arb:

1. Rd: 3 Lm (für 1 Stb), in jede M 1 Stb häkeln. In den Ecken je 2 Stb in die fM der Vor-Rd, 1 Lm, 2 Stb in die folgende fM der Vor-Rd arb. Die Rd mit 1 Km in die 3. Lm vom Rd-Beginn beenden.

2. Rd (Camel): 3 Lm (für 1 Stb), in jede M 1 Stb häkeln. In den Ecken je 5 Stb in die Lm der Vor-Rd arb. Die Rd mit 1 Km in die 3. Lm vom Rd-Anfang beenden.

Die Umrandung an der Rückseite ebenso häkeln.

FERTIGSTELLEN

Alle Fäden vernähen. Die Vorderseite und die Rückseite leicht anfeuchten und vorsichtig von links auf kleinster Stufe glattbügeln. Die Vorderseite links auf links auf die Rückseite legen, sodass die M deckungsgleich sind. 3 Seiten mit fM in Camel zusammenhäkeln. In den Ecken jeweils 3 fM in 1 M arb. Das Füllkissen einlegen und die 4. Seite zusammenhäkeln. Alternativ kann auch ein Reißverschluss eingenäht werden.

TIPP Da jeder etwas anders häkelt oder die Kissenfüllungen unterschiedlich voluminös sind, kann man die Größe der Umrandung ganz einfach anpassen, indem man entweder die 2. Rd weglässt oder eine 3. Rd wie die 2. Rd häkelt.

VARIANTE

Man kann auch nur 9 Grannys für die Vorderseite häkeln, umranden und diese dann auf eine farblich passende Kissenhülle nähen.

3	1	2
2	3	1
1	2	3

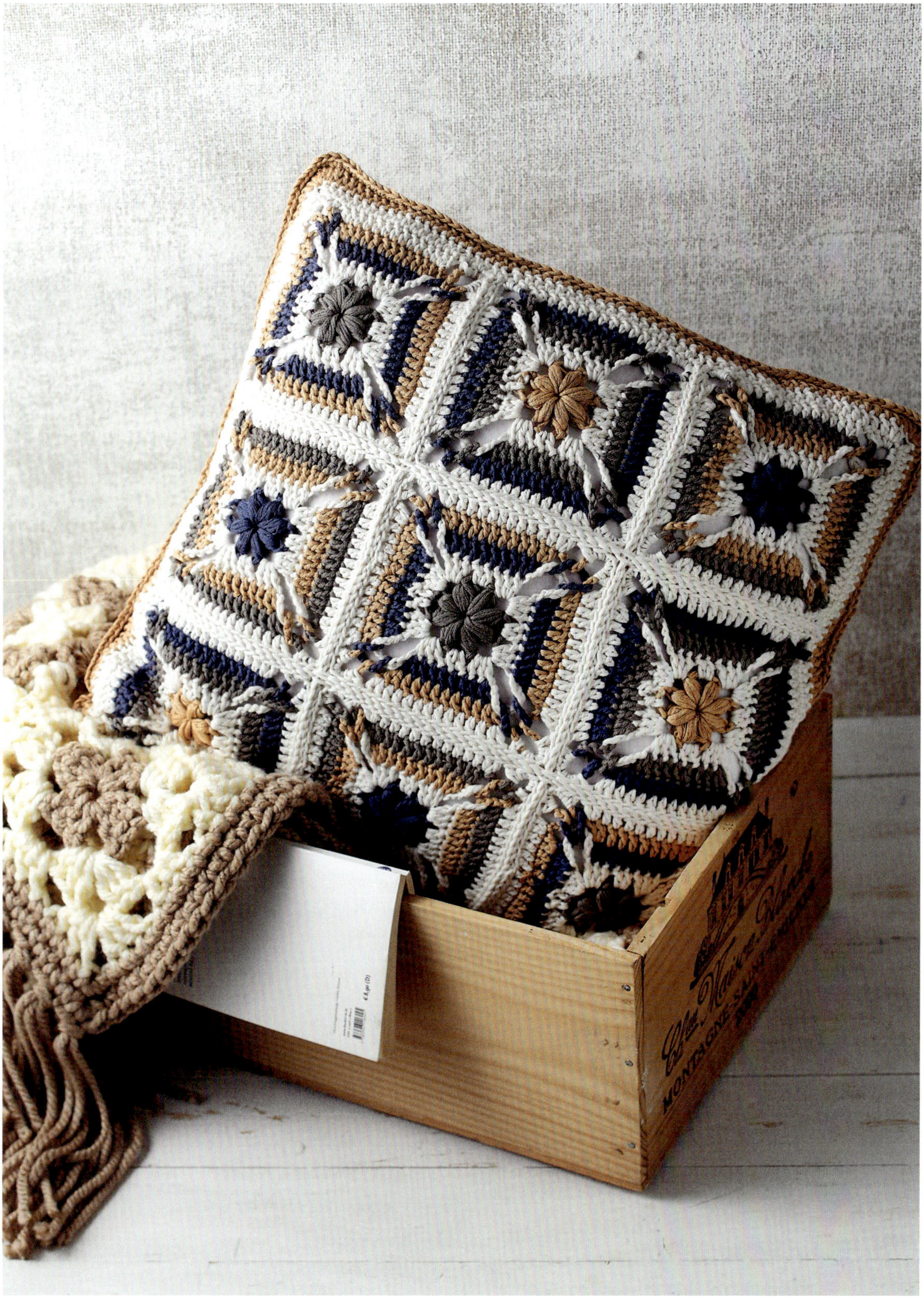

BOHO-SEEGRASKÖRBE

mit individueller Borte

SCHWIERIGKEIT 1

GRÖSSE

Großer Korb: oben ø 33 cm, Mitte ø 40 cm, Höhe 33 cm
Kleiner Korb: oben ø 22,5 cm, Mitte ø 31 cm, Höhe 21 cm
Granny: ø 8,5 cm

MATERIAL

- Schachenmayr Catania (LL 125 m/50 g) in Schwarz (Fb 110) und Natur (Fb 105), je 100 g, in Reseda (Fb 402) und Aprikose (Fb 401), je 50 g
- Häkelnadel 2,5 mm

FARBFOLGE 1

1. Rd: Natur, 2. Rd: Aprikose, 3. Rd: Schwarz

FARBFOLGE 2

1. Rd: Schwarz, 2. Rd: Aprikose, 3. Rd: Natur

FARBFOLGE 3

1. Rd: Natur, 2. Rd: Reseda, 3. Rd: Schwarz

FARBFOLGE 4

1. Rd: Schwarz, 2. Rd: Reseda, 3. Rd: Natur

ANLEITUNG

GROSSER KORB

Die 1.-3. Rd des Dreieckes 1 (siehe S. 12) jeweils 11x in den Fb-Folgen 1 und 2 anfertigen. Den Faden der letzten Rd lang abschneiden. Mit diesem die Grannys durch die M-Glieder der Stb der letzten Rd auf der Rückseite zu einem Band wie abgebildet zusammennähen.

KLEINER KORB

Die 1.-3. Rd des Dreieckes 1 (siehe S. 12) jeweils 8x in den Fb-Folgen 3 und 4 anfertigen. Den Faden der letzten Rd lang abschneiden. Mit diesem die Grannys durch die M-Glieder der Stb der letzten Rd auf der Rückseite zu einem Band wie abgebildet zusammennähen.

FERTIGSTELLEN

Einen neuen Faden in Schwarz bzw. Natur anschlingen und das Band oben und unten mit 1 Rd fM umhäkeln und mit 1 Km schließen. Das Band anfeuchten und vorsichtig glattbügeln. Alle Fäden vernähen. Das Band um den Korb legen und ggf. festnähen.

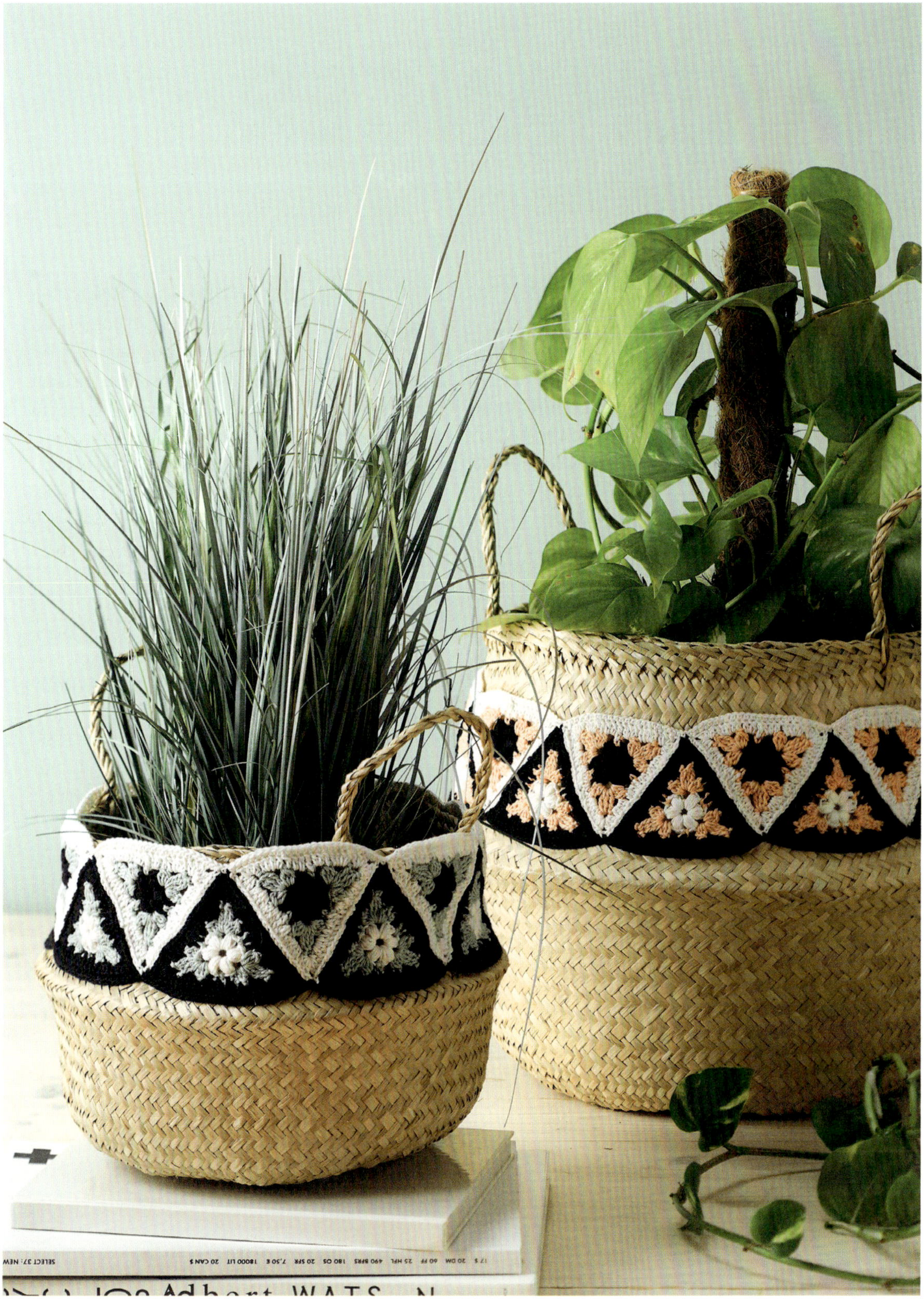

RUSTIKALE **WANDHÄNGER**

mit Macramee-Effekt

SCHWIERIGKEIT 2

GRÖSSE

Dreieck: ø 30 cm
(ohne Quasten)
Quadrat: 38 cm x 38 cm
(ohne Fransen)

MATERIAL

- Buttinette Makramee-Garn String, einfach verzwirnt (LL 150 m/500 g) in Khaki (Fb 499) und Natur (Fb 495), je 500 g
- Häkelnadel 9,0 mm
- Nylonschnur, 60 cm
- Stock, glatt, 50 cm
- Stock mit Astansatz, 50 cm

DREIECK

GRANNY

Das Dreieck 2 (siehe S. 14) in Natur 1x häkeln, dabei die Büschel-M aufgrund der Stärke und der Beschaffenheit des Garns nur mit 2 U häkeln, sodass insgesamt 5 Schlingen auf der Nd liegen. Die Arbeitsschlinge ca. 2 cm lang ziehen. Alle Fäden vernähen.

QUASTE (3x)

Für eine Quaste 10 Fäden mit einer Länge von ca. 40 cm abschneiden. Die Fäden zur

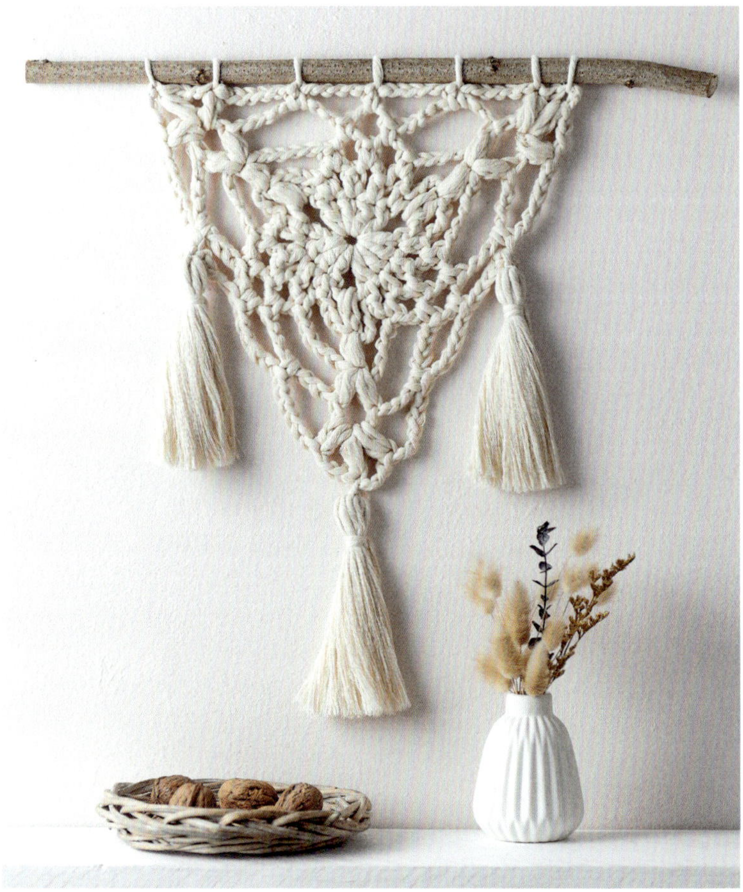

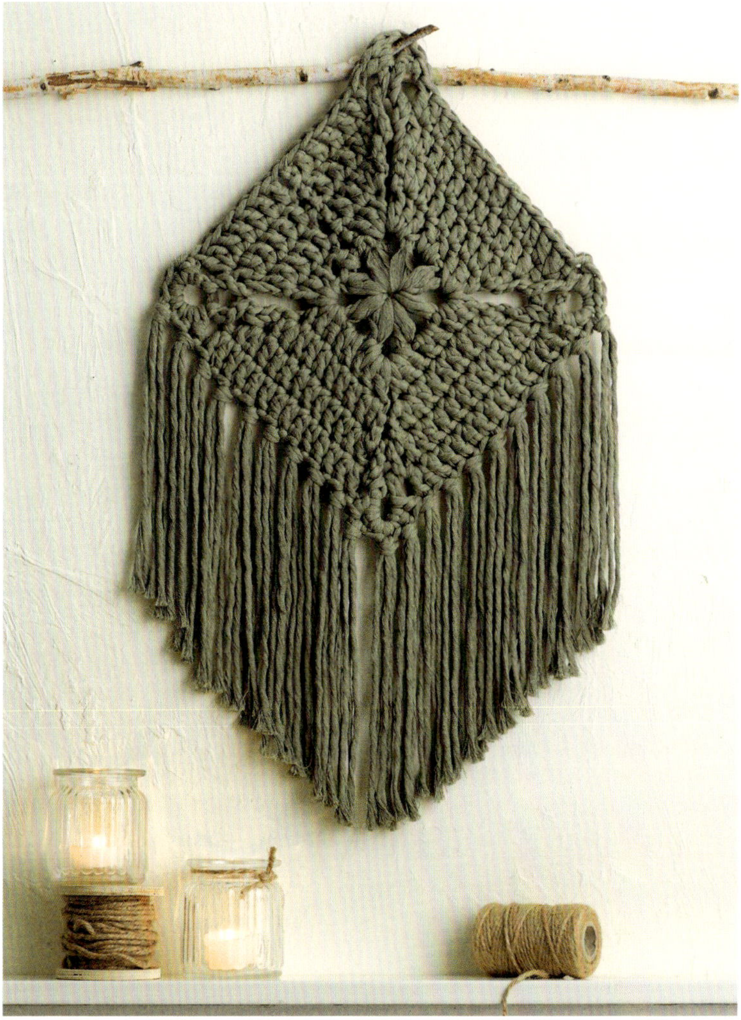

Hälfte legen und mit einem weiteren Faden von ca. 20 cm Länge einmal in der Mitte umwickeln und einen Knoten binden, sodass die Fäden nun doppelt liegen. Mit diesen beiden Fäden wird die Quaste später an das Granny geknotet. Mit einem weiteren Faden die Quaste ca. 3 cm von oben 2x umwickeln und verknoten. Das Garn vorsichtig auskämmen und die Fäden auf eine Länge schneiden. Die anderen beiden Quasten genauso anfertigen.

FERTIGSTELLEN

Die Quasten an das Granny knoten. 7 Fäden mit einer Länge von ca. 20 cm abschneiden. Diese gleichmäßig verteilt durch eine M ziehen und so das Granny an den Stock knoten. Die Enden kurz schneiden und die Knoten auf die Rückseite des Stocks drehen.

QUADRAT

GRANNY

Das Quadrat 6 (siehe S. 26) in Khaki 1x häkeln. Alle Fäden vernähen.

FRANSEN

Für die Fransen 42 Fäden mit einer Länge von ca. 50 cm abschneiden. Jeweils 2 Fäden mit der Häkelnadel in jede 2. M an 2 der 4 Seiten einknüpfen. Das Garn vorsichtig auskämmen und die Fransen gleichmäßig auf eine Länge schneiden.

FERTIGSTELLEN

Den fertigen Wandhänger am Astansatz des Stocks aufhängen. 2 Nylonfäden von je 30 cm jeweils durch die M an der rechten bzw. linken äußeren Ecke fädeln und am Stock verknoten. Die Enden der Schnüre kürzen.

ROMANTISCHE UNTERSETZER

perfekte Geschenkidee

SCHWIERIGKEIT 2

GRÖSSE

ø 11 cm

MATERIAL

- Lana Grossa Cotton Love (LL 170 m/50 g) in Silbergrau (Fb 21), Pastellrosa (Fb 22), Pastellgrün (Fb 23) und Flieder (Fb 17), je 50 g
- Häkelnadel 3,0 mm

FARBFOLGE 1

1. Rd: Silbergrau, 2.+3. Rd: Pastellrosa, 4.+5. Rd: Pastellgrün, 6. Rd: Flieder, 7. Rd: Silbergrau

FARBFOLGE 2

1. Rd: Pastellrosa, 2.+3. Rd: Pastellgrün, 4.+5. Rd: Flieder, 6. Rd: Silbergrau, 7. Rd: Pastellrosa,

FARBFOLGE 3

1. Rd: Flieder, 2.+3. Rd: Silbergrau, 4.+5. Rd: Pastellrosa, 6. Rd: Pastellgrün, 7. Rd: Flieder

FARBFOLGE 4

1. Rd: Pastellgrün, 2.+3. Rd: Flieder, 4.+5. Rd: Silbergrau, 6. Rd: Pastellrosa, 7. Rd: Pastellgrün

ANLEITUNG

GRANNYS

Den Kreis 2 (siehe S. 30) jeweils 1x in den Fb-Folgen 1-4 häkeln.

FERTIGSTELLEN

Alle Fäden vernähen, die Grannys anfeuchten, spannen und gut trocknen lassen.

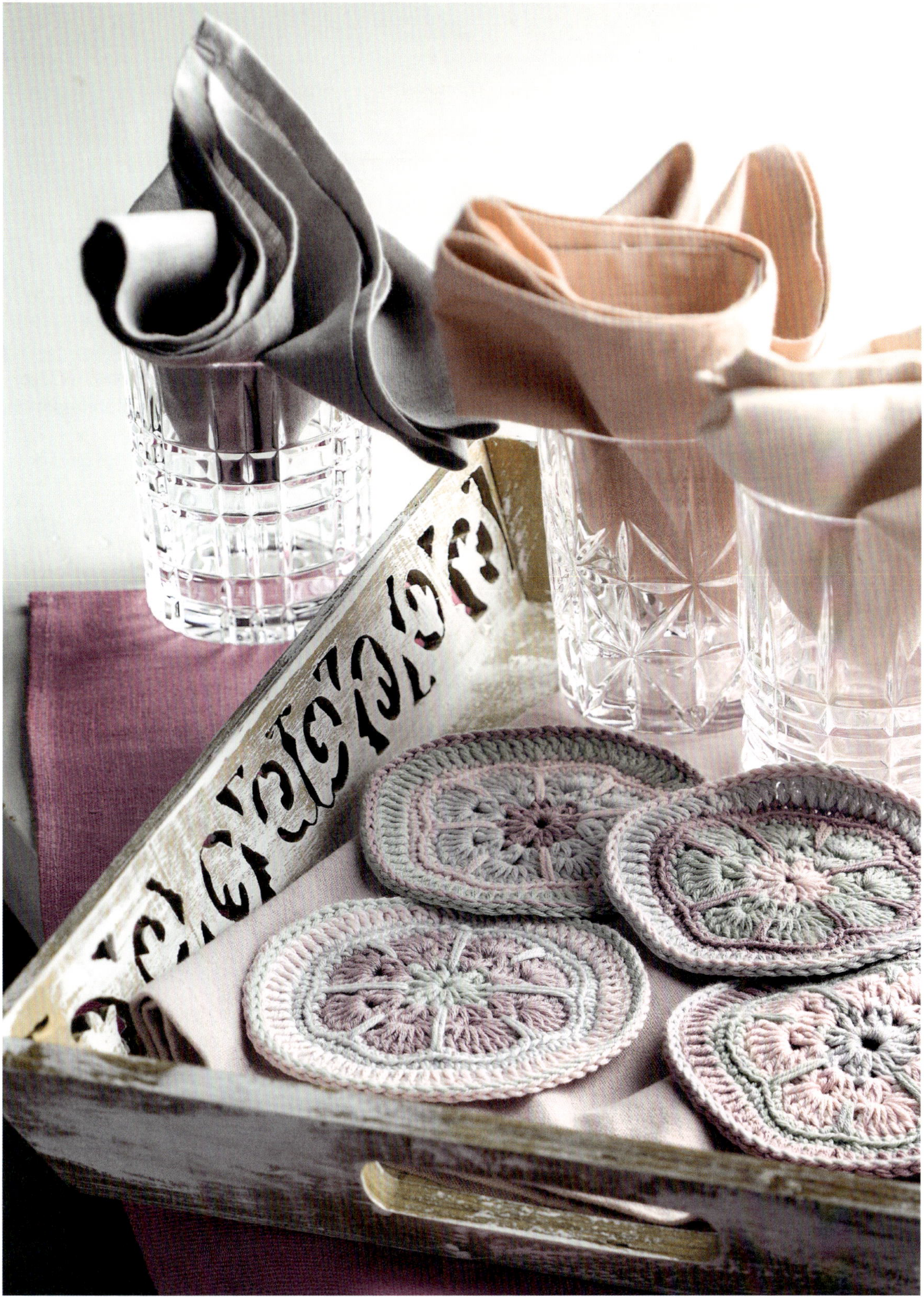

RUNDE SITZUNTERLAGEN

für draußen und drinnen

SCHWIERIGKEIT 3

GRÖSSE

ø 38 cm

MATERIAL

- Schachenmayr Cotton Jersey (LL 74 m/100 g) in Hummer (Fb 36), Weinrot (Fb 32) und Sand (Fb 10), je 200 g, in Terracotta (Fb 25), 100 g
- Häkelnadel 8,0 mm

FARBFOLGE 1

1. Rd: Weinrot, 2. Rd: Hummer, 3. Rd: Sand, 4. Rd: Terracotta, 5. Rd: Weinrot, 6. Rd: Hummer

FARBFOLGE 2

1. Rd: Sand, 2. Rd: Weinrot, 3. Rd: Terracotta, 4. Rd: Hummer, 5. Rd: Sand, 6. Rd: Weinrot

ANLEITUNG

GRANNY

Den Kreis 3 (siehe S. 32) jeweils 1x in Fb-Folge 1 und 2 häkeln. Wichtig ist, die Büschel-M mit der anschließenden Lm locker zu häkeln, damit sich die M nicht zusammenzieht. Zum Schluss für den Rand die letzte Rd wie folgt häkeln:

6. Rd: 1 Büschel-M in dieselbe M wie die Km der letzten Rd häkeln, 1 Lm.
Dann * 1 offene Büschel-M in die zuletzt gehäkelte fM, 1 offene Büschel-M in die folgende Büschel-M der Vor-Rd, 13 Schlingen abmaschen, 1 Lm.
Weiter 1 offene Büschel-M in die zuletzt gehäkelte fM, 1 offene Büschel-M in dieselbe Büschel-M der Vor-Rd, 13 Schlingen abmaschen, 1 Lm.
Dann 1 offene Büschel-M in die zuletzt gehäkelte fM, 1 offene Büschel-M in die folgende Büschel-M der Vor-Rd, 13 Schlingen abmaschen, 1 Lm, ab * fortlaufend wdh.
Zum Schluss 1 Büschel-M in die zuletzt gehäkelte fM, 1 Lm. Die Rd mit 1 Km in die 1. Büschel-M schließen.

FERTIGSTELLEN

Alle Fäden vernähen.

TIPP Wenn Sie das Muster noch nie gehäkelt haben, empfiehlt es sich, dieses zunächst mit einem dünnen Garn auszuprobieren.

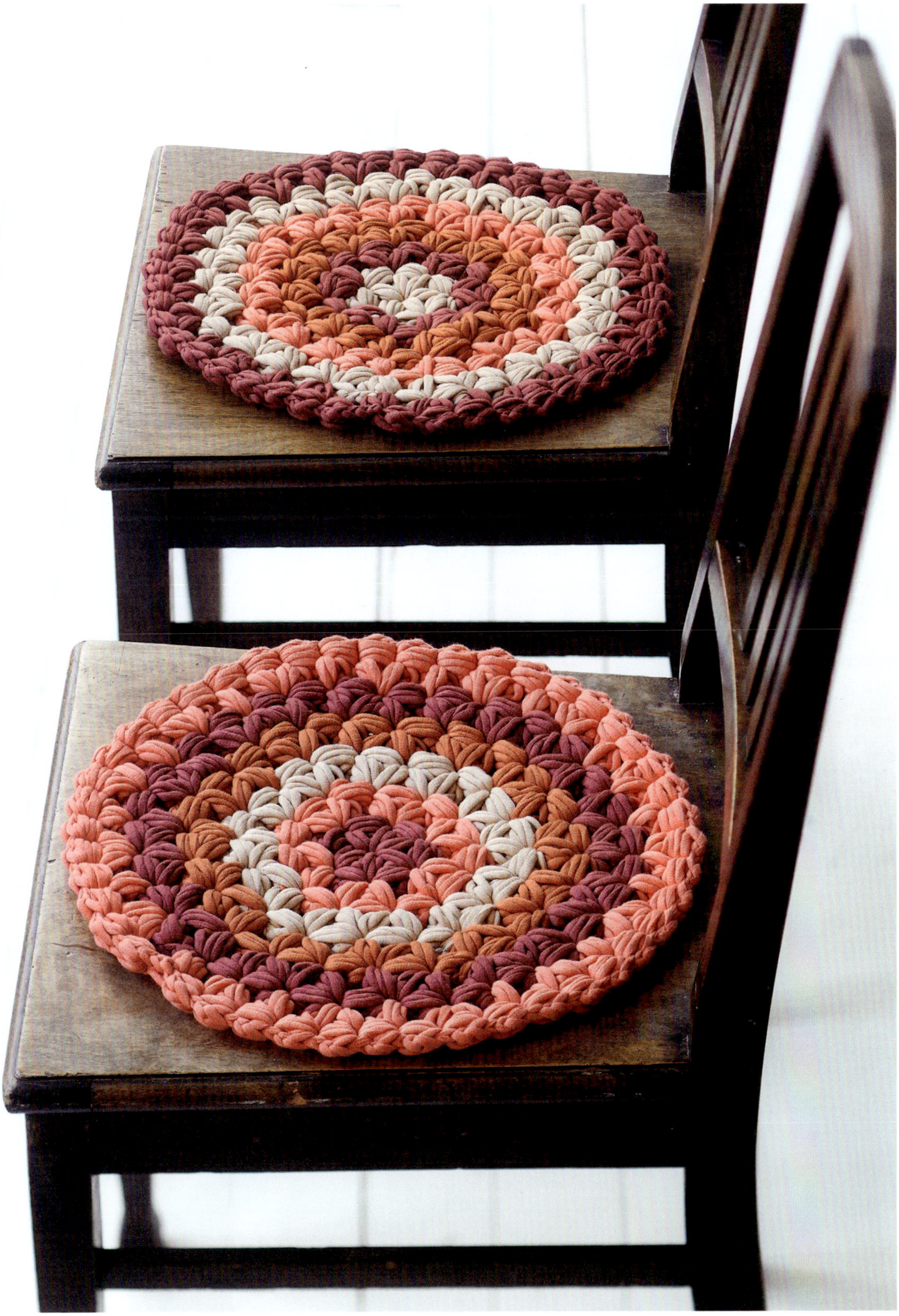

DEKORATIVE **TOPFLAPPEN**

Schmuck für jede Küche

SCHWIERIGKEIT 3

GRÖSSE

ø 23 cm

MATERIAL

- Lana Grossa Riserva (LL 125 m/50 g) in Jeans (Fb 23), 100 g
- Häkelnadel 5,0 mm
- Buttinette Lederband in Braun, 10 mm breit, 20 cm
- Buttinette Buchschrauben in Silber
- Lochzange

ANLEITUNG

GRANNY

Die 1.-5. Rd des Kreises 3 (siehe S. 32) häkeln. Wichtig ist, die Büschel-M mit der anschließenden Lm locker zu häkeln, damit sich die M nicht zusammenzieht. Für den Rand noch 3 weitere Rd wie folgt arb:

6. Rd: 1 Büschel-M in dieselbe M wie die Km der letzten Rd häkeln, 1 Lm.
Dann * 1 offene Büschel-M in die zuletzt gehäkelte fM, 1 offene Büschel-M in die folgende Büschel-M der Vor-Rd, 13 Schlingen abmaschen, 1 Lm.
Weiter 1 offene Büschel-M in die zuletzt gehäkelte fM, 1 offene Büschel-M in dieselbe Büschel-M der Vor-Rd, 13 Schlingen abmaschen, 1 Lm.
Dann * 1 offene Büschel-M in die zuletzt gehäkelte fM, 1 offene Büschel-M in die folgende Büschel-M der Vor-Rd, 13 Schlingen abmaschen, 1 Lm, ab * fortlaufend wdh.
Zum Schluss 1 Büschel-M in die zuletzt gehäkelte fM, 1 Lm. Die Rd mit 1 Km in die 1. Büschel-M schließen.

7. Rd: 1 Lm, 1 fM, 1 hStb in dieselbe M wie die Km der letzten Rd häkeln. Dann * 1 hStb, 1 fM, 1 hStb in die Mitte der folgenden Büschel-M-Gruppe, ab * fortlaufend wdh. Die Rd mit 1 hStb und 1 Km in die fM vom Rd-Beginn beenden.

8. Rd: 1 Lm, dann in jede M locker 1 Km häkeln.
Den 2. Topflappen genauso häkeln.

FERTIGSTELLEN

Alle Fäden vernähen. Die Topflappen anfeuchten, spannen und gut trocknen lassen.
Das Lederband halbieren. In die Enden mit der Lochzange ein Loch stanzen. Den Topflappen zwischen das Lederband legen, die Buchschraube zwischen eine Büschel-M-Gruppe stecken und festziehen.

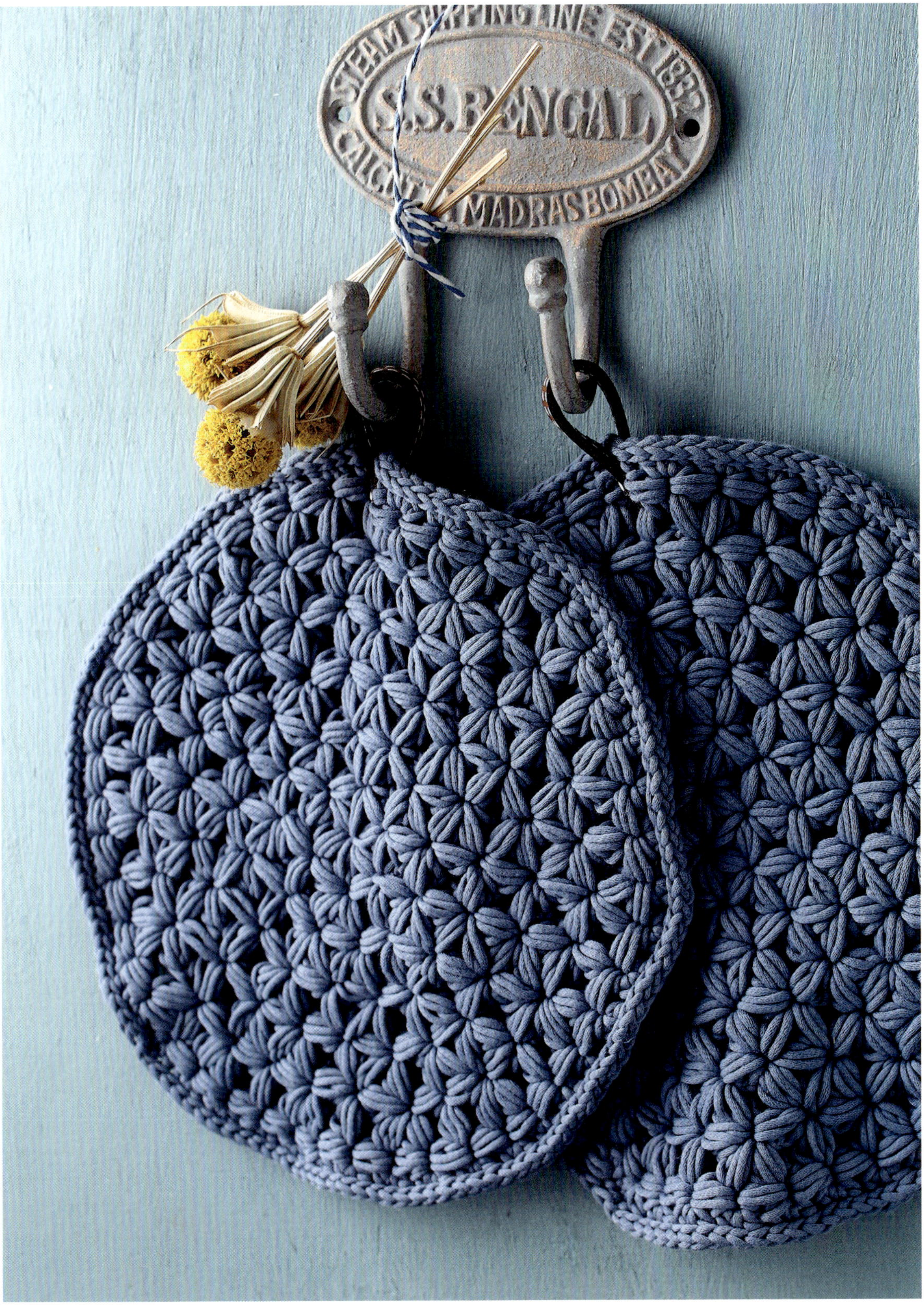
STEAM SHIPPING LINE EST 1882
S.S. BENGAL
CALCUTTA MADRAS BOMBAY

FLAUSCHIGER **TEPPICH**

passt in jeden Raum

SCHWIERIGKEIT 2

GRÖSSE

Teppich: 130 cm x 100 cm
Granny: 17 cm x 17 cm

MATERIAL

- Schachenmayr Bravo Big (LL 120 m/200 g) in Natur (Fb 102) und Kamel (Fb 105), je 1000 g
- Häkelnadel 10,0 mm

FARBFOLGE 1

1. Rd: Kamel, 2.+3. Rd: Natur

FARBFOLGE 2

1. Rd: Natur, 2. Rd: Kamel, 3. Rd: Natur

FARBFOLGE 3

1.+2. Rd: Kamel, 3. Rd: Natur

ANLEITUNG

GRANNYS

Die 1.-3. Rd des Quadrats 3 (siehe S. 20) insgesamt 35x häkeln: 18 Grannys in der Fb-Folge 1, 9 Grannys in der Fb-Folge 2 und 8 Grannys in der Fb-Folge 3. Die fertigen Grannys entsprechend der Schemazeichnung anordnen mit Garn in Natur zusammennähen.

UMRANDUNG

Mit einem Faden in Kamel an einer beliebigen M anschlingen und den Teppich wie folgt mit fM umhäkeln:
1.+2. Rd: 1 Lm, dann in jede M 1 fM häkeln. In die äußeren Ecken jeweils 3 fM in 1 M arb. Die Rd mit 1 Km schließen. Den Faden trennen und durchziehen.

FERTIGSTELLEN

Alle Fäden vernähen. Für die Fransen Fäden in Kamel mit einer Länge von ca. 40 cm abschneiden. Jeweils 2 Fäden mit der Häkelnadel in jede 2. M an den kurzen Seiten einknüpfen. Die Fransen gleichmäßig auf eine Länge schneiden.

1	2	1	2	1
2	1	3	1	2
1	3	1	3	1
3	1	2	1	3
1	3	1	3	1
2	1	3	1	2
1	2	1	2	1

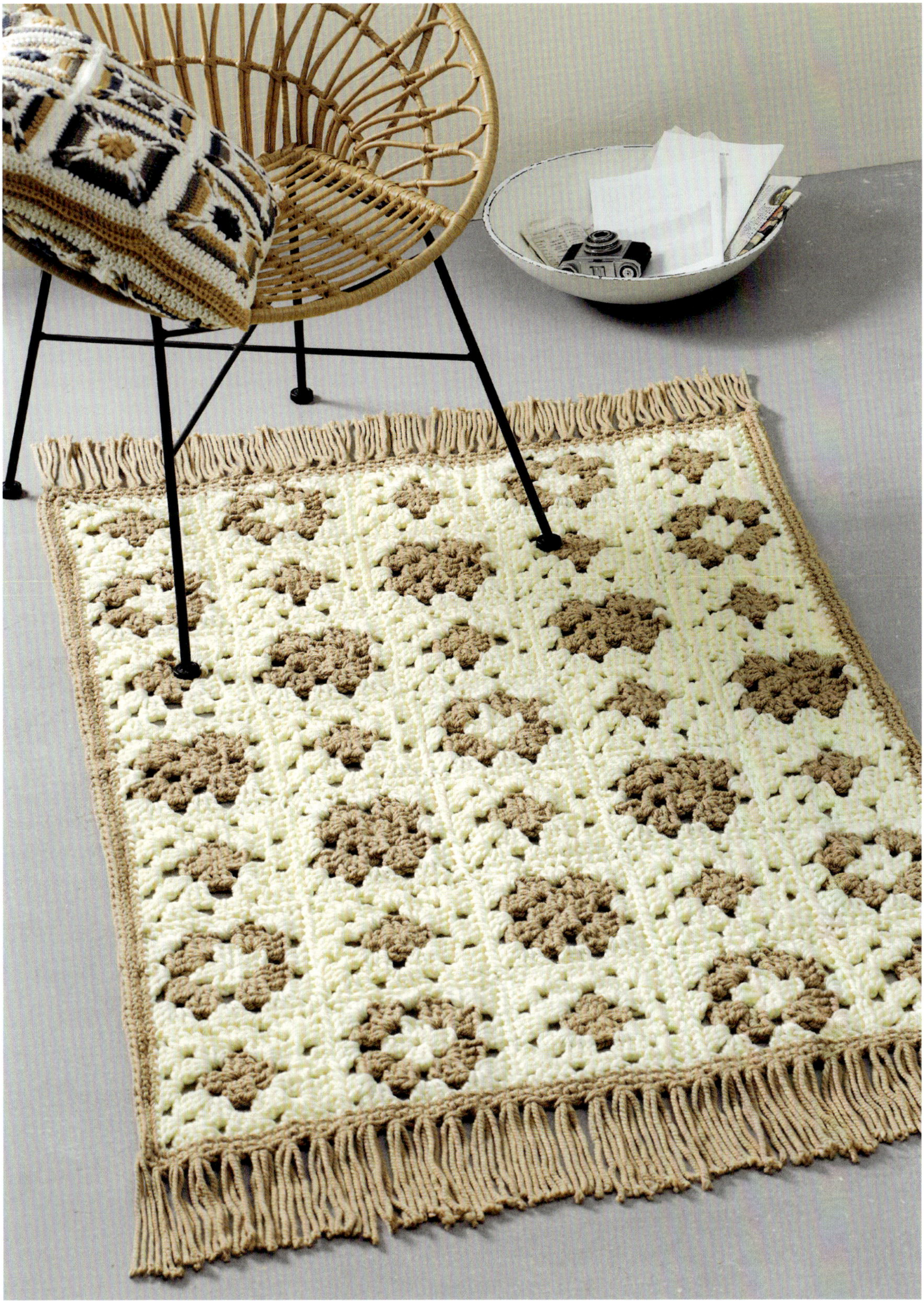

FILIGRANER TRAUMFÄNGER

mit Federn und Perlen

SCHWIERIGKEIT 2

GRÖSSE

ø 20 cm

MATERIAL

- Woll Butt Baumwollgarn Camilla (LL 125 m/50 g) in Beige (Fb 35806), 50 g
- Häkelnadel 3,5 mm
- Drahtring, ø 20 cm
- Mischpackung echte Federn
- Mischpackung Holzperlen, ø bis 1 cm
- Jutekordel in Gelb und Natur, ø 2 mm, je 120 cm
- Jutekordel in Beige, ø 2 mm, 60 cm
- Satinband in Beige und Natur, 10 mm, je 150 cm
- Heißkleber

ANLEITUNG

GRANNY

Den Kreis 1 (siehe S. 28) 1x häkeln. Alle Fäden vernähen. Dann das Granny anfeuchten, gleichmäßig spannen und gut trocknen lassen.

FERTIGSTELLEN

Den Drahtring mit dem Garn rundherum umwickeln. Dabei den Anfangsfaden mehrfach umwickeln, um diesen zu sichern. Den Endfaden verknoten und mit Heißkleber sichern.
Um das Granny an dem Ring zu befestigen, einen ca. 1,5 m langen Faden abschneiden. Den Faden abwechselnd durch eine der äußeren Schlaufen des Grannys und dann um den Ring führen. Dabei darauf achten, dass das Granny gleichmäßig gespannt ist. Den Anfangs- und Endfaden auf Ringhöhe verknoten. Auf diese beiden Fäden 3 Holzperlen auffädeln. Um die beiden Fäden als Aufhänger zu nutzen, diese in gewünschter Höhe verknoten.
Nach Belieben den unteren Rand schmücken. Dazu die Satinbänder und die Jutekordel jeweils zur Hälfte legen und um den unteren Rand des Rings knüpfen. Auf die Jutekordel in verschiedenen Höhen die Holzperlen auffädeln. Die Perlen durch einen Knoten unterhalb der Perle sichern. Die Federn von unten in die Perlen stecken. Diese ggf. mit Kleber fixieren.

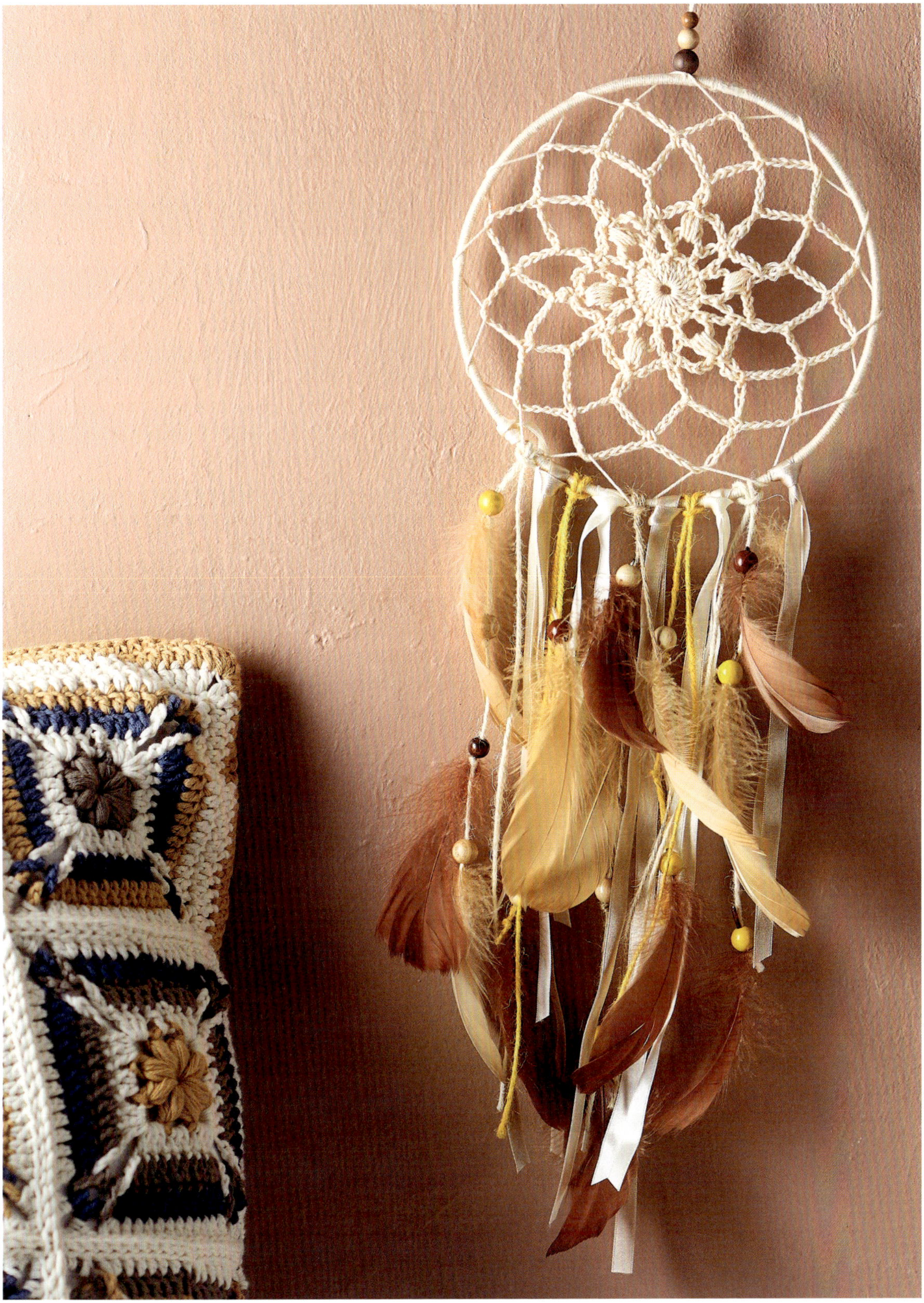

WEICHES DUFTSÄCKCHEN

individuell befüllbar

SCHWIERIGKEIT 2

GRÖSSE

12 cm x 15 cm

MATERIAL

- Woll Butt Baumwollgarn Camilla (LL 125 m/50 g) in Flieder (Fb 35439), 50 g, in Lila (Fb 21876), Hellgrün (Fb 35438), Tanne (Fb 102688) und Weiß (Fb 35432), Reste
- Häkelnadel 2,5 mm
- Satinband in Weiß, 10 mm breit, 60 cm lang
- Baumwollstoff in Weiß, 32 cm x 14 cm
- Nähmaschine oder Nähnadel
- Nähgarn

FARBFOLGE

1. Rd: Lila, 2. Rd: Weiß, 3. Rd: Hellgrün, 4. Rd: Tanne, 5. Rd: Flieder

ANLEITUNG

GRANNYS

Das Quadrat 5 (siehe S. 24) 2x in der Fb-Folge anfertigen. Weiter beide Grannys in Flieder umhäkeln:

1.+2. Rd: 1 Lm, dann in jede M 1 fM häkeln, dabei in die Ecken jeweils 3 fM in 1 M arb. Die Rd mit 1 Km schließen. Den Faden durchziehen und trennen.

Alle Fäden vernähen. Beide Grannys anfeuchten, spannen und gut trocknen lassen.

GRANNYS ZUSAMMENHÄKELN

In Flieder an der äußeren M eines Grannys anschlingen und beide Grannys an 3 Seiten mit Km zusammenhäkeln. Dabei jeweils nur in die inneren M-Glieder der beiden gegenüberliegenden M einstechen, damit die Naht schön flach bleibt.

OBERER RAND

Weiter über die unbehäkelten M der 4. Seiten den Rand wie folgt häkeln:

1. Rd: 1 Lm, dann in jede M 1 fM häkeln. Die Rd mit 1 Km schließen (= 60 M).

2. Rd: 1 Lm, dann in jede M 1 fM häkeln. Die Rd mit 1 Km schließen.

3. Rd: 3 Lm (für 1 Stb), 1 Stb, dann * 2 Lm, 2 M überspringen, 2 Stb, ab * fortlaufend wdh. Die Rd mit 2 Lm, 2 M überspringen und 1 Km in die 3. Lm vom Rd-Beginn schließen.

4., 5.+7. Rd (Flieder): Wie die 2. Rd häkeln.

6. Rd (Weiß): Wie die 2. Rd häkeln.

INNENSÄCKCHEN

Für den oberen Rand die beiden kurzen Seiten des weißen Stoffes 1 cm breit auf die linke Seite umbügeln, dann versäubern und absteppen. Dann den Stoff rechts auf rechts zur Hälfte legen, die kurzen Seiten liegen oben, und mit einer Nahtzugabe von 1 cm an beiden langen Seiten absteppen. Das Innensäckchen auf rechts wenden und mit getrocknetem Lavendel füllen.

FERTIGSTELLEN

Das Satinband durch die Öffnungen fädeln und mit einer Schleife so zubinden, dass das Innensäckchen mit umschlossen wird.

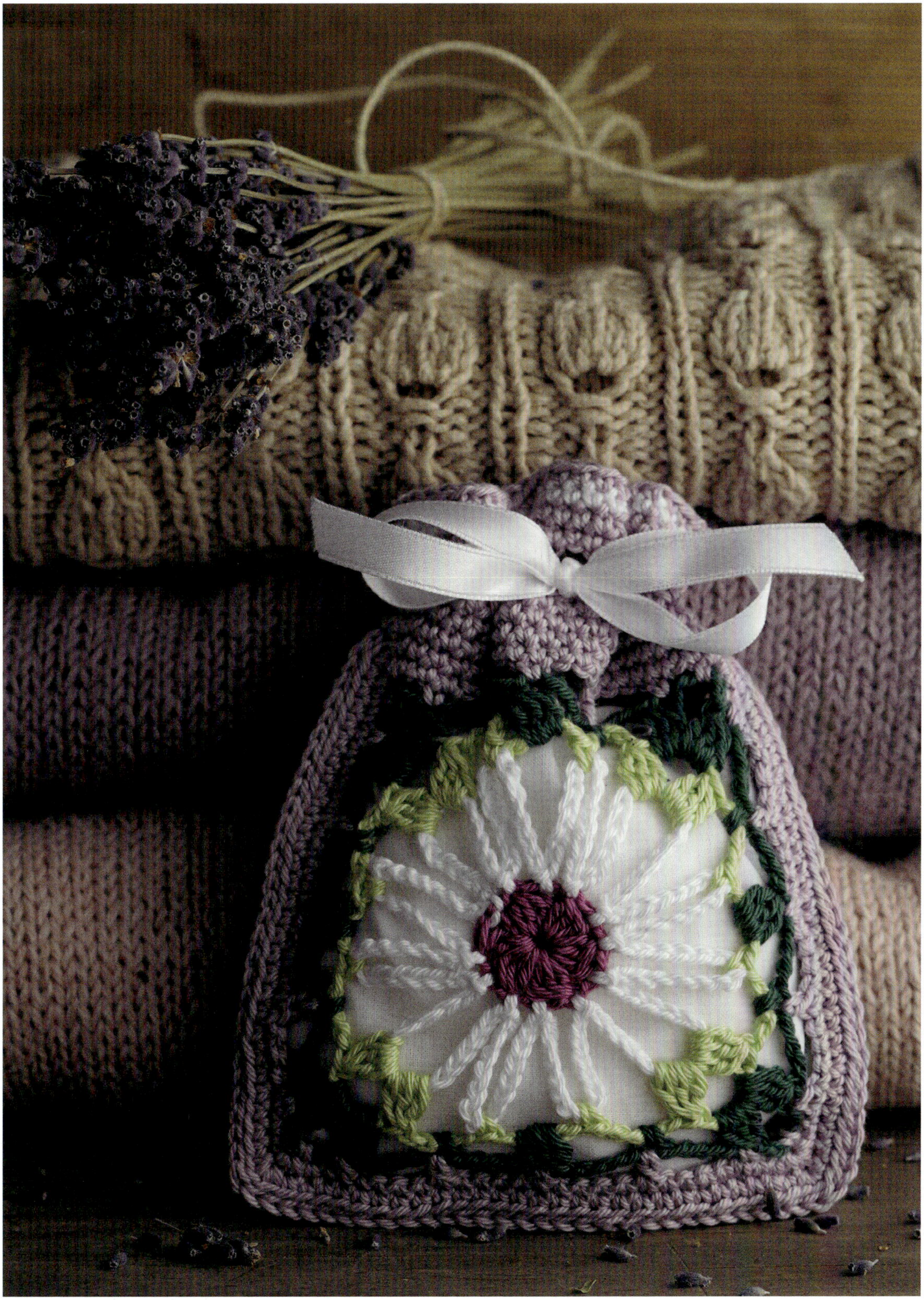

ACCESSOIRES

Modische und praktische Accessoires aus Granny Squares sind das absolute i-Tüpfelchen für jedes Outfit. Verschiedene Taschen, Sonnenhut, Ohrringe oder ein Schal setzen Akzente und sehen in vielen Farbkombinationen super aus. Übrigens auch toll als Geschenk…

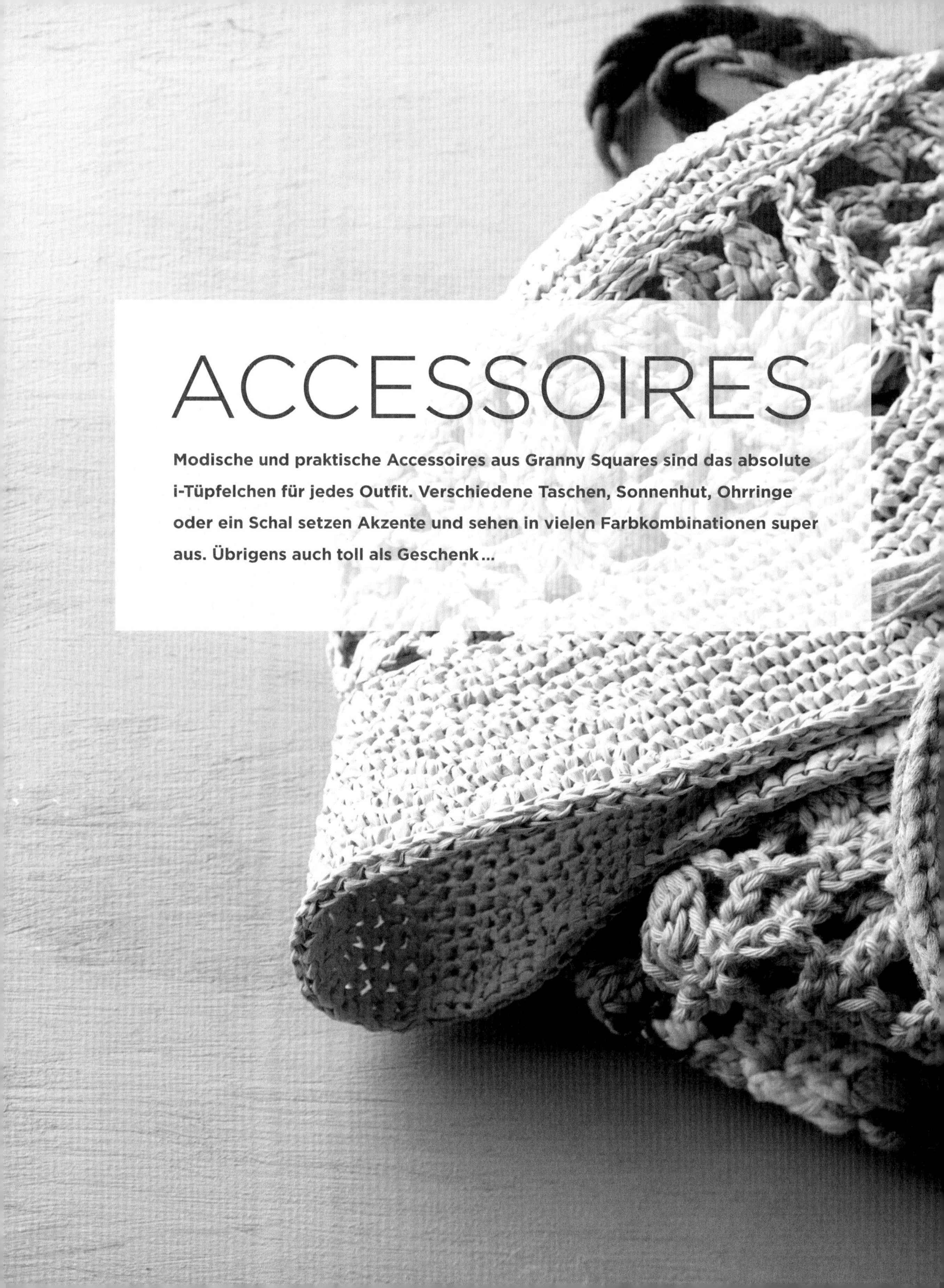

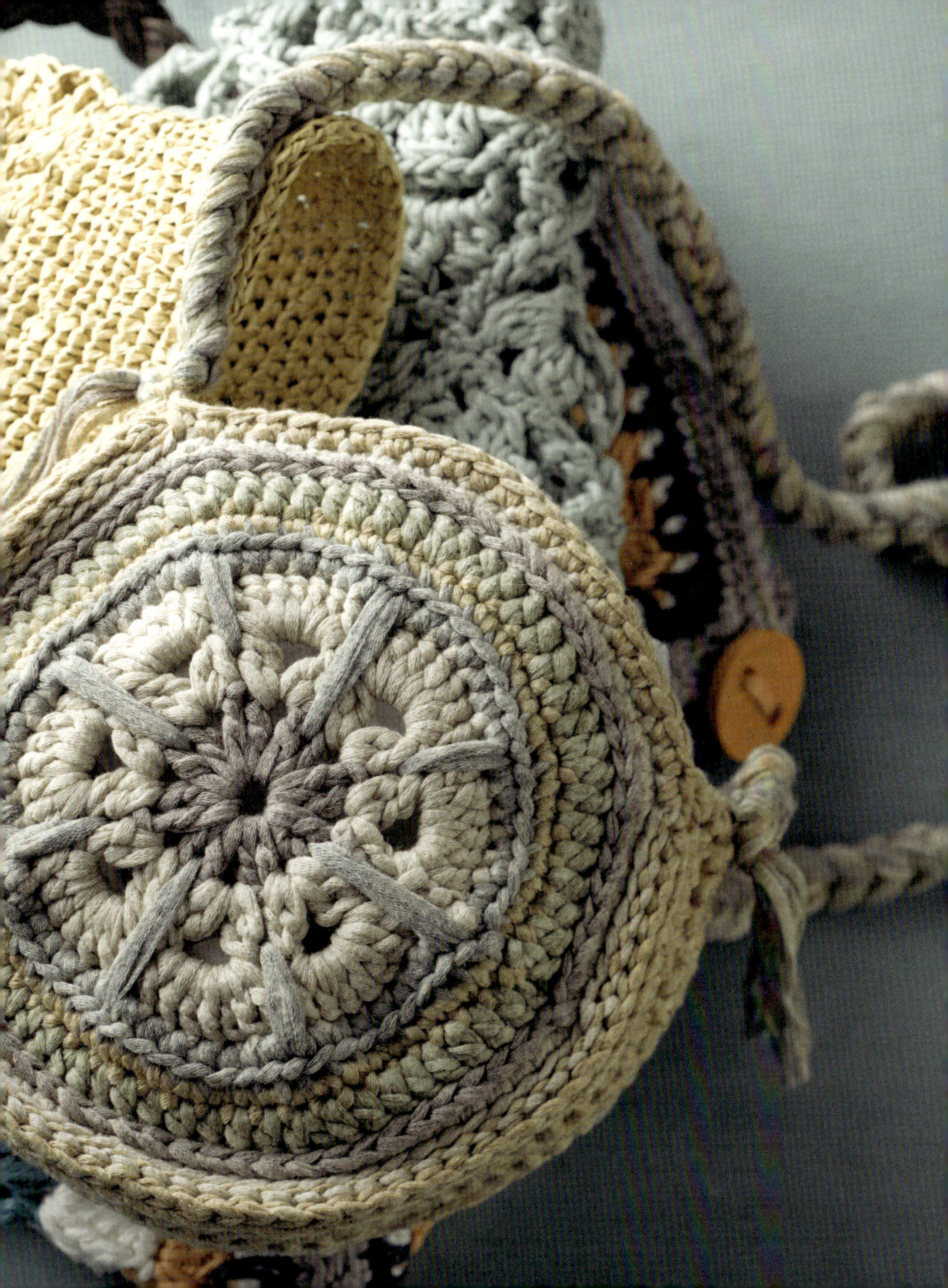

PRAKTISCHES EINKAUFSNETZ

romantisch in Pastell

SCHWIERIGKEIT 2

GRÖSSE

Netz (ohne Henkel):
38 cm x 40 cm
Granny: 14 cm x 14 cm

MATERIAL

- Schachenmayr Catania Grande (LL 63 m/50 g) in Reseda (Fb 3209), 300 g
- Häkelnadel 5,0 mm

ANLEITUNG

GRANNYS

Das Quadrat 2 (siehe S. 18) 13x häkeln. Die fertigen Grannys entsprechend der Schemazeichnung anordnen und zusammennähen. Dabei durch beide M-Glieder einstechen, damit die Naht fester und das Einkaufsnetz stabiler wird. Dann das Häkelstück anfeuchten und vorsichtig glatt und in Form bügeln. Alle Fäden vernähen.

ÄUSSERER RAND MIT HENKELN

Für den Rand an einer der oberen Spitzen anschlingen und wie folgt häkeln:

1. Rd: In jede M 1 fM häkeln, dabei jeweils 3 fM in die beiden äußeren M der Spitze arb und in den inneren Ecken jeweils 3 fM zusammen abmaschen. Die Rd mit 1 Km in die 1. fM schließen.

Nun werden die Henkel gearbeitet:

2. Rd: * 70 Lm (= Henkel) anschl, die nächsten beiden halben Grannys überspringen und den Henkel an der folgenden Spitze mit 1 fM befestigen. Weiter fM bis zur folgenden Spitze häkeln. Dabei in den inneren Ecken jeweils 3 fM zusammen abmaschen, ab * noch 1 x wdh. Die Rd mit 1 Km schließen.

Die Henkel nun mit fM behäkeln wie folgt.

3.+4. Rd: 1 Lm, dann in jede M 1 fM häkeln. Dabei in den inneren Ecken jeweils 3 fM zusammen abmaschen. Die Rd mit 1 Km schließen. Den Faden durchziehen und trennen.

INNERER RAND MIT HENKELN

Nun werden beide Henkel von innen und die beiden Grannyhälften, die eben übersprungen wurden, mit fM umhäkelt. Dafür an einer beliebigen M am inneren Rand anschlingen und wie folgt häkeln:

1. Rd: In jede M 1 fM häkeln. Dabei in den inneren Ecken jeweils 3 fM zusammen abmaschen. Bei den Henkeln wird in die Rückseite der Lm-Kette eingestochen. Die Rd mit 1 Km schließen.

2. Rd: 1 Lm, dann in jede M 1 fM häkeln. Dabei in den inneren Ecken jeweils 3 fM zusammen abmaschen. Die Rd mit 1 Km schließen. Den Faden durchziehen und trennen. Die 2. Seite genauso häkeln.

FERTIGSTELLEN

Alle restlichen Fäden vernähen.

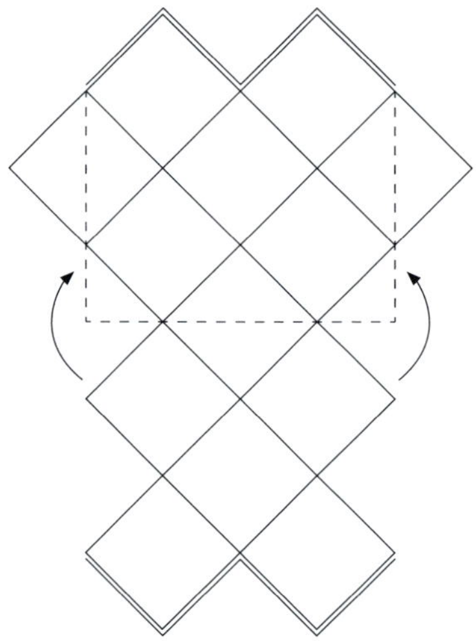

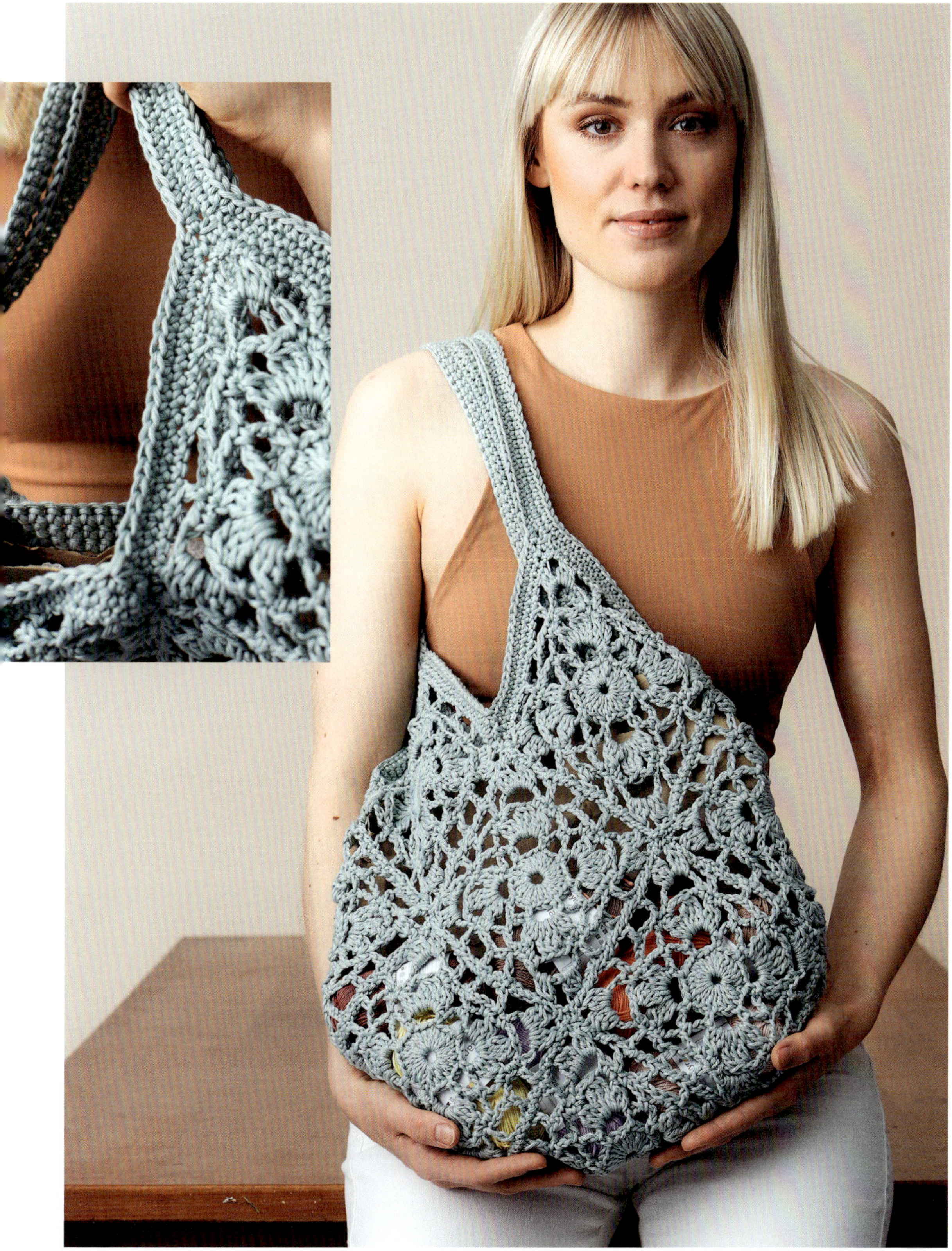

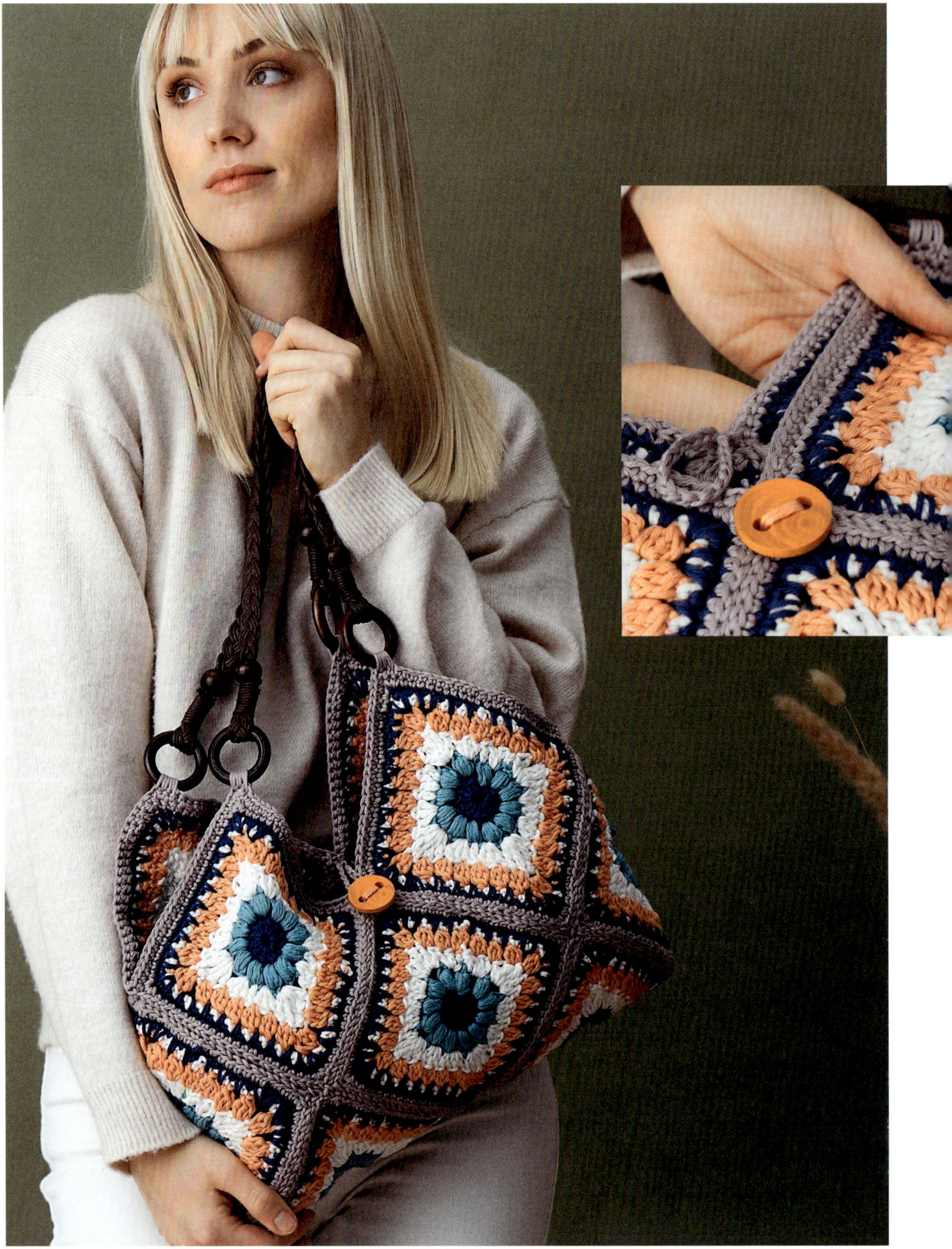

FARBENFROHER **SHOPPER**

praktisch und dekorativ

SCHWIERIGKEIT 2

GRÖSSE

Tasche: 42 cm x 30 cm (ohne Henkel)
Granny: 15 cm x 15 cm

MATERIAL

- Schachenmayr Catania Grande (LL 63 m/50 g) in Aquarelle (Fb 3383), 50 g, in Schlamm (Fb 3406), Mandarine (Fb 3230), Natur (Fb 3105) und Jeans (Fb 3164), je 100 g
- Häkelnadel 4,0 mm
- 1 Paar Taschengriffe, geflochten, in Braun, 49 cm lang
- 1 Holzknopf in Orange, ø 3 cm

FARBFOLGE

1. Rd: Jeans, 2. Rd: Aquarelle, 3. Rd: Natur, 4. Rd: Mandarine, 5. Rd: Natur, 6. Rd: Jeans, 7. Rd: Schlamm

ANLEITUNG

GRANNYS

Das Quadrat 4 (siehe S. 22) 10x in der Fb-Folge häkeln. Alle Fäden vernähen und die Grannys spannen. Dann die fertigen Grannys entsprechend der Schemazeichnung anordnen und mit einer Flechtnaht (siehe S. 103) zusammennähen. Dabei jeweils nur ein M-Glied erfassen.

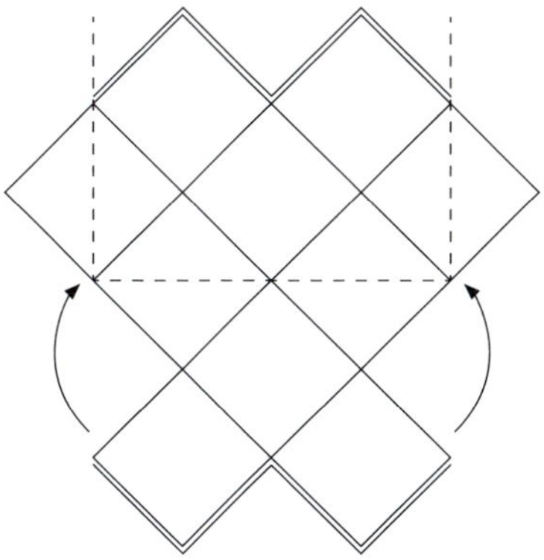

RAND

Für den Rand an der rückwärtigen Mitte in Schlamm neu anschlingen und wie folgt häkeln: In jede M 1 fM häkeln, dabei jeweils 3 fM in die äußere M der Spitzen arb und in den inneren Ecken jeweils 3 fM zusammen abmaschen. Die Rd mit 1 Km in die 1. fM schließen. Den Faden durchziehen und trennen.

FERTIGSTELLEN

Den Knopf vorne mittig auf die Tasche nähen. Für die Knopfschlaufe ca. 18 Lm in Schlamm locker anschl und mittig an die Innenseite der Taschenrückseite nähen. Beide Griffe gleichmäßig in Schlamm an die Tasche nähen. Alle Fäden vernähen.

ROMANTISCHER **SOMMERHUT**

perfekt zum Blumenkleid

SCHWIERIGKEIT 3

GRÖSSE

Kopfumfang:
54-56/58-60 cm
Granny: 8,5 cm x 8,5 cm/
9,5 cm x 9,5 cm
Die Grannys können in zwei Größen gehäkelt werden. Die Angaben für die verschiedenen Größen sind durch Schrägstriche voneinander getrennt.

MATERIAL

- Kremke Soul Wool Papyrus (LL 153 m/100 g) in Hellsand (Fb 67), 200 g
- Häkelnadel 3,5/4,0 mm

HINWEIS Das Material ist relativ steif. Deshalb sollte man den Hut immer wieder in Form ziehen. Das Material lässt sich aber gut mit Dampf oder einem feuchten Tuch auf kleiner Stufe in Form bügeln.

ANLEITUNG

GRANNYS

Die 1.-3. Rd des Quadrats 1 (siehe S. 16) mit Nd 3,5/4,0 mm 6x anfertigen. Den Faden jeweils etwas länger abschneiden. Mit diesem die Grannys an den Seiten mit einer Flechtnaht (siehe S. 103) zu einem Band zusammennähen. Dabei jeweils nur das innere M-Glied erfassen. Das Band in Form ziehen und von links auf kleiner Stufe mit Dampf oder einem feuchten Tuch zwischen Häkelstück und Bügeleisen glattbügeln.

HUT

Der Hut wird von oben nach unten gehäkelt.
Für die Hutkrone 5 Lm + 1 Wende-Lm locker anschl.
1. Rd: Ab der 2. Lm von der Nd aus 4 fM, häkeln. 3 fM in die letzte M, dann weiter auf der Unterseite der Lm-Kette häkeln: 3 fM, 2 fM in dieselbe M wie die 1. fM. Die Rd mit 1 Km in die 1. fM schließen (= 12 M).
2. Rd: 1 Lm (für 1 fM), 1 fM in dieselbe M wie die Km der Vor-Rd, 3 fM, 3 fM verdoppeln, 3 fM, 2 fM verdoppeln. Die Rd mit 1 Km in die Lm vom Rd- Beginn schließen (= 18 M).
3. Rd: 1 Lm + 1 fM, 4 fM, 3x (1 fM verdoppeln, 1 fM), 3 fM, 2x (1 fM verdoppeln, 1 fM). Die Rd mit 1 Km schließen (= 24 M).
4. Rd: 1 Lm + 1 fM, 5 fM, 3x (1 fM verdoppeln, 2 fM), 3 fM, 2x (1 fM verdoppeln, 2 fM). Die Rd mit 1 Km schließen (= 30 M).
5. Rd: 1 Lm + 1 fM, 6 fM, 3x (1 fM verdoppeln, 3 fM), 3 fM, 2x (1 fM verdoppeln, 3 fM). Die Rd mit 1 Km schließen (= 36 M).
6. Rd: 1 Lm + 1 fM, 7 fM, 3x (1 fM verdoppeln, 4 fM), 3 fM, 2x (1 fM verdoppeln, 4 fM). Die Rd mit 1 Km schließen (= 42 M).
7. Rd: 1 Lm + 1 fM, 8 fM, 3x (1 fM verdoppeln, 5 fM), 3 fM, 2x (1 fM verdoppeln, 5 fM). Die Rd mit 1 Km schließen (= 48 M).
8. Rd: 1 Lm + 1 fM, 9 fM, 3x (1 fM verdoppeln, 6 fM), 3 fM, 2x (1 fM verdoppeln, 6 fM). Die Rd mit 1 Km schließen (= 54 M).
9. Rd: 1 Lm + 1 fM, 10 fM, 3x (1 fM verdoppeln, 7 fM), 3 fM, 2x (1 fM verdoppeln, 7 fM). Die Rd mit 1 Km schließen (= 60 M).

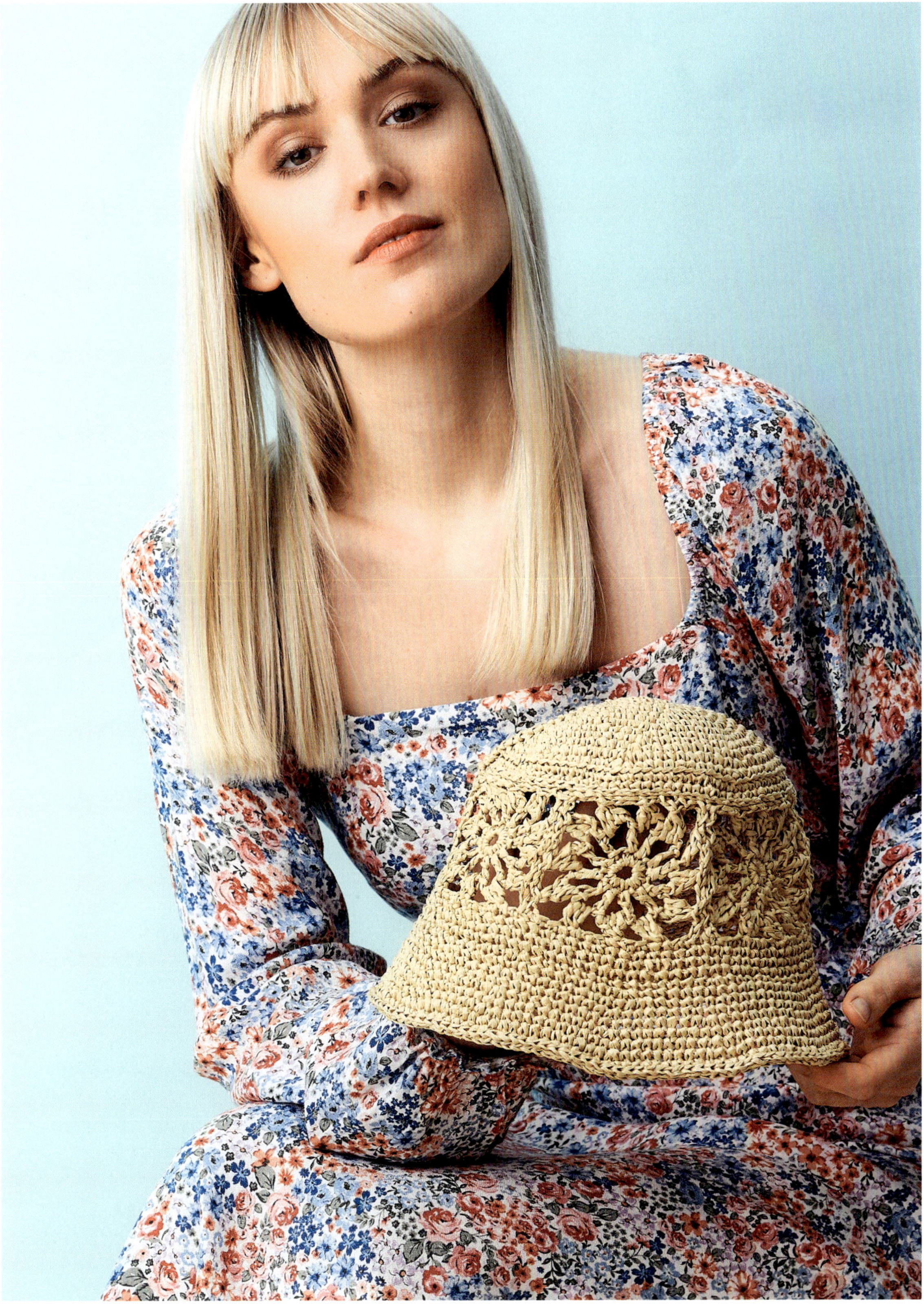

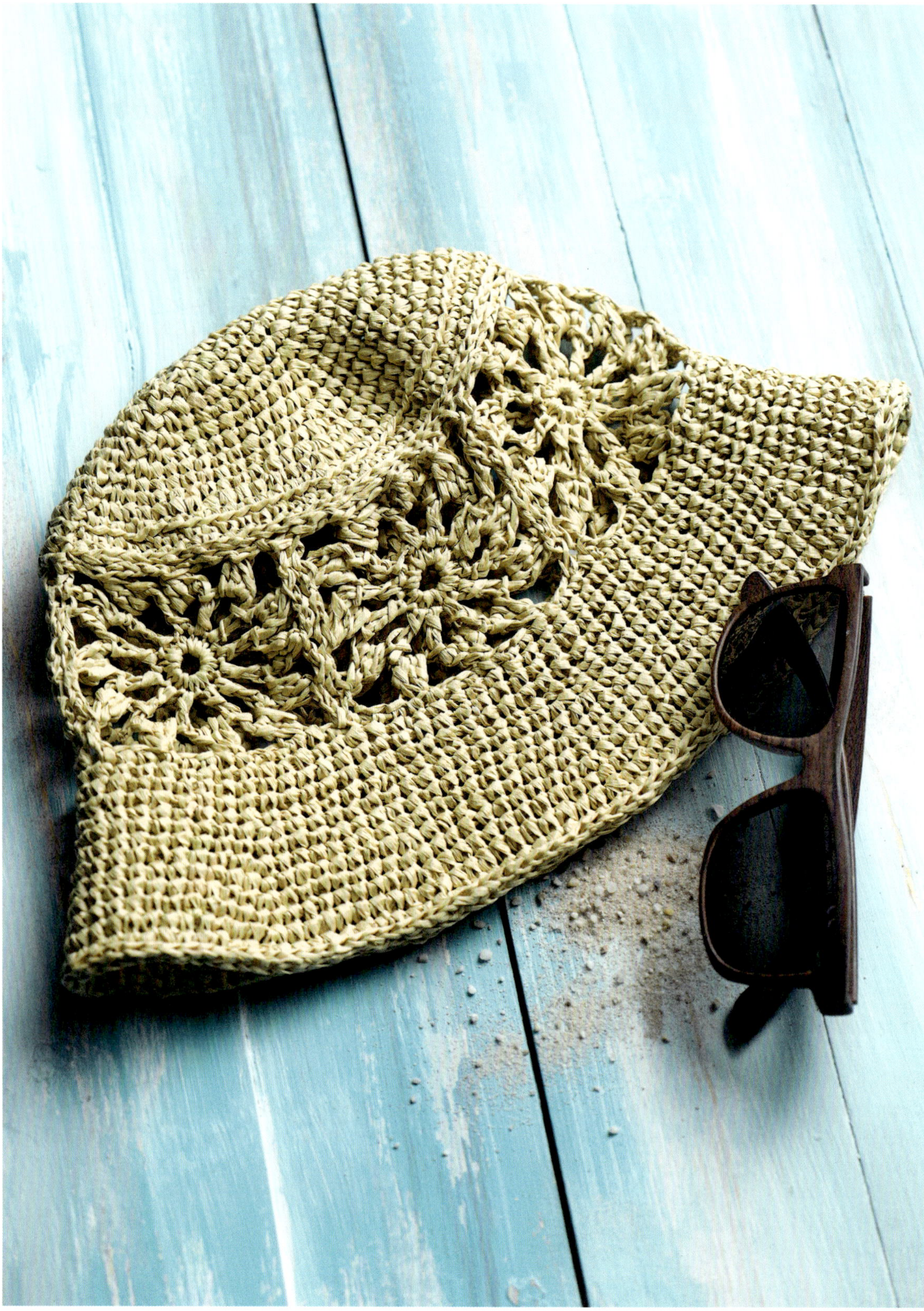

10. Rd: 1 Lm + 1 fM, 11 fM, 3x (1 fM verdoppeln, 8 fM), 3 fM, 2x (1 fM verdoppeln, 8 fM). Die Rd mit 1 Km schließen (= 66 M).
11. Rd: 1 Lm + 1 fM, 12 fM, 3x (1 fM verdoppeln, 9 fM), 3 fM, 2x (1 fM verdoppeln, 9 fM). Die Rd mit 1 Km schließen (= 72 M).
12. Rd: 1 Lm + 1 fM, 13 fM, 3x (1 fM verdoppeln, 10 fM), 3 fM, 2x (1 fM verdoppeln, 10 fM). Die Rd mit 1 Km schließen (= 78 M).
13. Rd: 1 Lm + 1 fM, 14 fM, 3x (1 fM verdoppeln, 11 fM), 3 fM, 2x (1 fM verdoppeln, 11 fM). Die Rd mit 1 Km schließen (= 84 M).
Die Arbeitsschlaufe langziehen. Das Häkelstück in Form ziehen und von links glattbügeln. Am besten ein feuchtes Tuch zwischen Häkelstück und Bügeleisen legen. Die Arbeitsschlaufe wieder aufnehmen und die Hutkrone arb:
14. Rd: 1 Lm, dann in jede M 1 fM häkeln, dabei nur in die hinteren M-Glieder einstechen. Die Rd mit 1 Km schließen.
15. Rd: Wieder in beide M-Glieder einstechen: 1 Lm, dann in jede M 1 fM häkeln. Die Rd mit 1 Km schließen (= 84 M). Den Faden durchziehen und sehr lang abschneiden.
Nun das Granny-Band annähen: Mit dem langen Faden der Hutkrone nun das Granny-Band mit einer Flechtnaht an den Hut nähen. Auch hier nur in die inneren M-Glieder einstechen. Dabei wird jedes Granny mit 14 fM mit dem Hutteil verbunden.
Einen neuen Faden an der rückwärtigen Mitte des Granny-Bandes anschlingen und wie folgt in Spiral-Rd arb:
16.-19. Rd: 1 Lm, dann in jede M 1 fM häkeln (= 84 M).
Um zu testen, ob die Hutkrone die richtige Höhe hat, den Hut am besten aufsetzen. Sie sollte ungefähr mit Beginn der Ohren enden. Ggf. 1 oder 2 Rd mehr oder weniger häkeln.
Zum Schluss die Hutkrempe häkeln:
20. Rd: 1 Lm, fM in die vorderen M-Glieder häkeln, dabei jede 14. fM verdoppeln (= 90 M).
21. Rd: Wieder in beide M-Glieder einstechen. 7 fM, 1 fM verdoppeln. Dann * jede 15. fM verdoppeln, ab * fortlaufend wdh. Die Rd mit 7 fM beenden (= 96 M).
22. Rd: Jede 16. fM verdoppeln (= 102 M).
23. Rd: 8 fM, 1 fM verdoppeln. Dann * jede 17. fM verdoppeln, ab * fortlaufend wdh. Die Rd mit 8 fM beenden (= 108 M).
24. Rd: Jede 18. fM verdoppeln (= 114 M).
25. Rd: 9 fM, 1 fM verdoppeln. Dann * jede 19. fM verdoppeln, ab * fortlaufend wdh. Die Rd mit 9 fM beenden (= 120 M).
26. Rd: Jede 20. fM verdoppeln (= 126 M).
27. Rd: 10 fM, 1 fM verdoppeln. Dann * jede 21. fM verdoppeln, ab * fortlaufend wdh. Die Rd mit 10 fM beenden (= 132 M).
28. Rd: Jede 22. fM verdoppeln (= 138 M).
29. Rd: In jede M locker 1 Km häkeln (= 138 M).
Den Faden durchziehen und trennen.

FERTIGSTELLEN

Alle Fäden vernähen. Die Krempe vorsichtig glattbügeln. Für das Hutband 3 Fäden von ca. 1 m abschneiden, die Enden verknoten und daraus ein Band flechten, das genau einmal um den Hut passt. Das Band um den Hut legen, die Enden hinten zusammenknoten und die überstehenden Fäden abschneiden.

SÜSSE **OHRRINGE**

für Boho-Fans

SCHWIERIGKEIT 3

GRÖSSE

Große Creolen: ø 48 mm
Kleine Creolen: ø 38 mm

MATERIAL

- Woll Butt Häkelgarn Diana braun, 200 g Sparpaket (LL 280 m/50 g) in Beige (Fb 6301), Rotbraun (Fb 5540), Braun (Fb 5541) und Dunkelbraun (Fb 410), Reste
- Häkelnadel 0,6 mm
- Creolen in Silber, ø 38 mm und ø 48 mm
- Kleber

FARBFOLGE 1

1. Rd: Dunkelbraun, 2. Rd: Braun, 3. Rd: Rotbraun, 4. Rd: Beige

FARBFOLGE 2

1. Rd: Rotbraun, 2.+3. Rd: Braun

GROSSE CREOLEN

GRANNYS

Die 1.-4. Rd des Sechsecks (siehe S. 34) 2x in der Fb-Folge 1 häkeln. Den Faden lang abschneiden. Mit diesem wird die Blüte an den Ohrring genäht.

CREOLEN UMHÄKELN

Die großen Creolen in Beige mit fM wie folgt umhäkeln. Den Faden von unten mit der Nd durch die Creole holen, den Faden erneut holen und über dem Ring durch die Schlinge auf der Nd ziehen. Den Faden wieder unter dem Ring durchholen. Es liegen nun 2 Schlingen auf der Nd. Den Faden holen und durch beide Schlingen auf der Nd ziehen (= 1 fM). Nun fortlaufend fM arb, dabei den Anfangsfaden mit einigen M umhäkeln, um diesen zu sichern. Zum Schluss den Faden durchziehen, trennen und mit Kleber fixieren.

FERTIGSTELLEN

Den Faden von hinten jeweils zur Spitze durch die Blütenblätter ziehen und 5 der 6 Blütenblätter mit einem Stich durch eine fM an der Creole festnähen (siehe Foto). Den 2. Granny ebenso befestigen.

KLEINE CREOLEN

GRANNYS

Die 1.+2. Rd des Kreises 2 (siehe S. 30) 2x in der Fb-Folge 2 häkeln. Anschließend 1 weitere Rd in Braun wie folgt arb:

3. Rd: 1 Lm, dann in jede M 1 fM häkeln, dabei jede 4. M verdoppeln. Die Rd mit 1 Km schließen. Den Faden lang abschneiden. Mit diesem wird das Mini-Granny an den Ohrring genäht.

CREOLEN UMHÄKELN

Die kleinen Creolen wie die großen in Rotbraun mit fM umhäkeln.

FERTIGSTELLEN

* Den Faden von hinten durch die M ziehen mit einem Stich durch 1 fM an der Creole festnähen. Ab * an mehreren M wdh (siehe Foto). Den 2. Ohrring genauso arb.

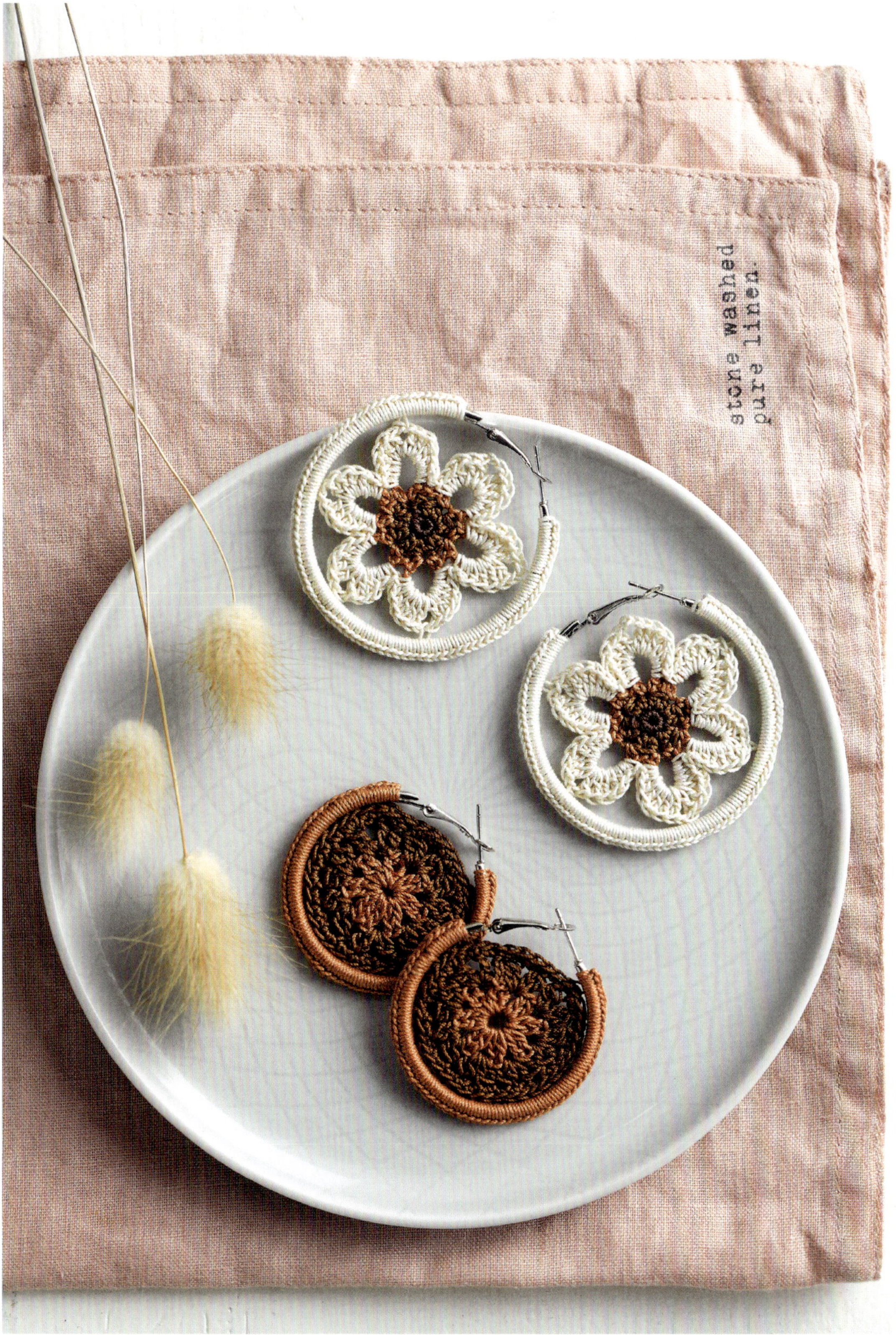
stone washed
pure linen

RUNDE MINI-TASCHE

süßes Sommer-Accessoire

SCHWIERIGKEIT 2

GRÖSSE

ø 17 cm (ohne Träger)

MATERIAL

- Lana Grossa Cotton Mélange (LL 140 m/50 g) in Beige (Fb 14), Camel (Fb 13), Graubraun (Fb 12), Graugrün (Fb 10) und Khaki (Fb 9), je 50 g
- Häkelnadel 5,0 mm und 10,0 mm

FARBFOLGE

1. Rd: Graubraun, 2.+3. Rd: Beige, 4. Rd: Graugrün, 5. Rd: Camel, 6. Rd: Khaki, 7. Rd: Graubraun

ANLEITUNG

Die Tasche wird mit doppeltem Faden gehäkelt. Damit die Tasche schön stabil ist, wird eine kleinere Nadelstärke als empfohlen verwendet.

GRANNYS

Mit doppeltem Faden und Häkelnd 5,0 mm den Kreis 2 (siehe S. 30) in der Fb-Folge 2x häkeln.
Anschließend die folgende Rd für den Rand arb, dabei die fM in die M der 6. Rd häkeln.
8. Rd (Beige): 1 Lm, dann in jede M 1 fM häkeln, dabei jede 9. fM verdoppeln. Die Rd mit 1 Km schließen (= 80 M). Den Faden durchziehen und trennen. Alle Fäden vernähen.

TASCHENBODEN UND SEITEN

Mit Häkelnd 5,0 mm und doppeltem Faden in Camel 58 Lm und 1 Wende-Lm locker anschl. Weiter in R häkeln.
1. R: Ab der 2. Lm ab Nd 58 fM häkeln. 1 Wende-Lm, Arbeit wenden (= 58 M).
2.-6. R: Jeweils 58 fM häkeln. Nach der letzten R die Wende-Lm auslassen.

TASCHE ZUSAMMENHÄKELN

Zunächst 22 M für die Öffnung der Tasche mit Kontrastgarn markieren. Den Taschenboden jeweils an der letzten Rd der Vorder- bzw. Rückseite mit Km in Camel anhäkeln. Dazu mit doppeltem Faden und Nd 5,0 mm jeweils nur in die inneren M-Glieder der beiden gegenüberliegenden M einstechen, damit die Naht schön flach bleibt. Dann die markierte Öffnung mit fM umhäkeln. Dabei in den Ecken jeweils 2 fM zusammen abmaschen. Die Rd mit 1 Km in die 1. fM schließen.

RIEMEN

Mit Häkelnadel 10,0 mm und fünffachem Faden mit allen Garn-Fb eine Lm-Kette von ca. 90 cm anfertigen. Den Riemen mit je einem Faden an den Schmalseiten festnähen. Die restlichen Fäden auf eine Länge von ca. 10 cm kürzen und als Quasten hängen lassen.

FERTIGSTELLEN

Alle Fäden vernähen.

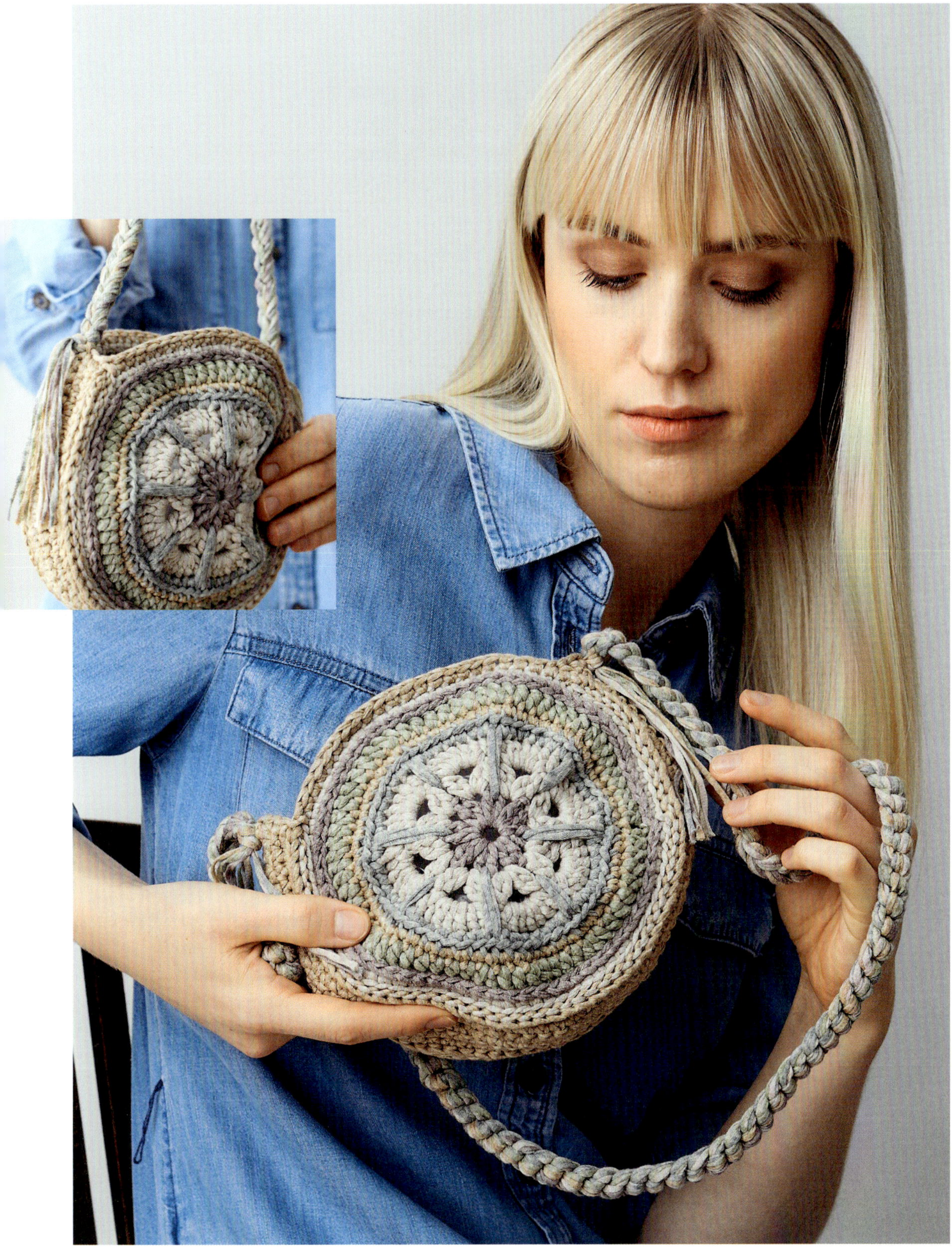

GROSSE **KORBTASCHE**

praktisch für Strand und Markt

SCHWIERIGKEIT 1

GRÖSSE

Korbtasche:
44 cm x 30 cm x 30 cm
(Griffe 30 cm)
Granny Sonnenblume:
ø 8 cm
Granny Dahlie: ø 5 cm
Granny Amaryllis: ø 8 cm

MATERIAL

- Schachenmayr Catania (LL 125 m/50 g) in Sonne (Fb 208), Jade (Fb 253), Anis (Fb 245), Mango (Fb 411) und Himbeer (Fb 256), Reste
- Häkelnadel 3,0 mm

FARBFOLGE 1

1.+2. Rd: Mango, 3. Rd: Himbeer, 4. Rd: Sonne

FARBFOLGE 2

1.+2. Rd: Anis, 3. Rd: Sonne, 4. Rd: Jade

FARBFOLGE 3

1. Rd: Mango, 2. Rd: Himbeer

FARBFOLGE 4

1. Rd: Himbeer, 2. Rd: Anis

FARBFOLGE 5

1. Rd: Jade, 2. Rd: Anis, 3. Rd: Himbeer, 4. Rd: Mango

ANLEITUNG

GRANNYS

Es werden 5 Grannys gehäkelt. Dabei die Fäden beim Beenden jeweils lang abschneiden. Mit diesen werden die Blumen später an die Tasche genäht.
Für die Sonnenblumen die 1.-4. Rd des Sechsecks (siehe S. 36) jeweils 1x in Fb-Folge 1 und 2 anfertigen.
Für die Dahlien die 1.+2. Rd des Kreises 2 (siehe S. 30) jeweils 1x in den Fb-Folgen 3 und 4 anfertigen.
Für die Amaryllis die 1.-4. Rd des Kreis 2 (siehe S. 30) 1x in der Fb-Folge 5 anfertigen.

FERTIGSTELLEN

Die Dahlie in Fb-Folge 3 wie folgt mit Fransen versehen: 10 Fäden in Jade und 5 Fäden in Anis mit einer Länge von ca. 25 cm abschneiden. Jeweils 5 Fäden einer Fb mit der Häkelnd mittig in die unteren M einknüpfen. Dabei zwischen den Fransen jeweils 1 M frei lassen. Die Fäden auf eine Länge schneiden. Zum Schluss einen Faden in Himbeer an der oberen Mitte neu anschlingen und 15 Lm (die Länge der Lm-Kette kann je nach Taschengriff variieren) häkeln. Die Lm-Kette um den Taschengriff legen und mit 1 Km in die Blume befestigen. Alle Fäden vernähen. Die fertigen Blumen wie auf dem Foto auf die Tasche nähen.

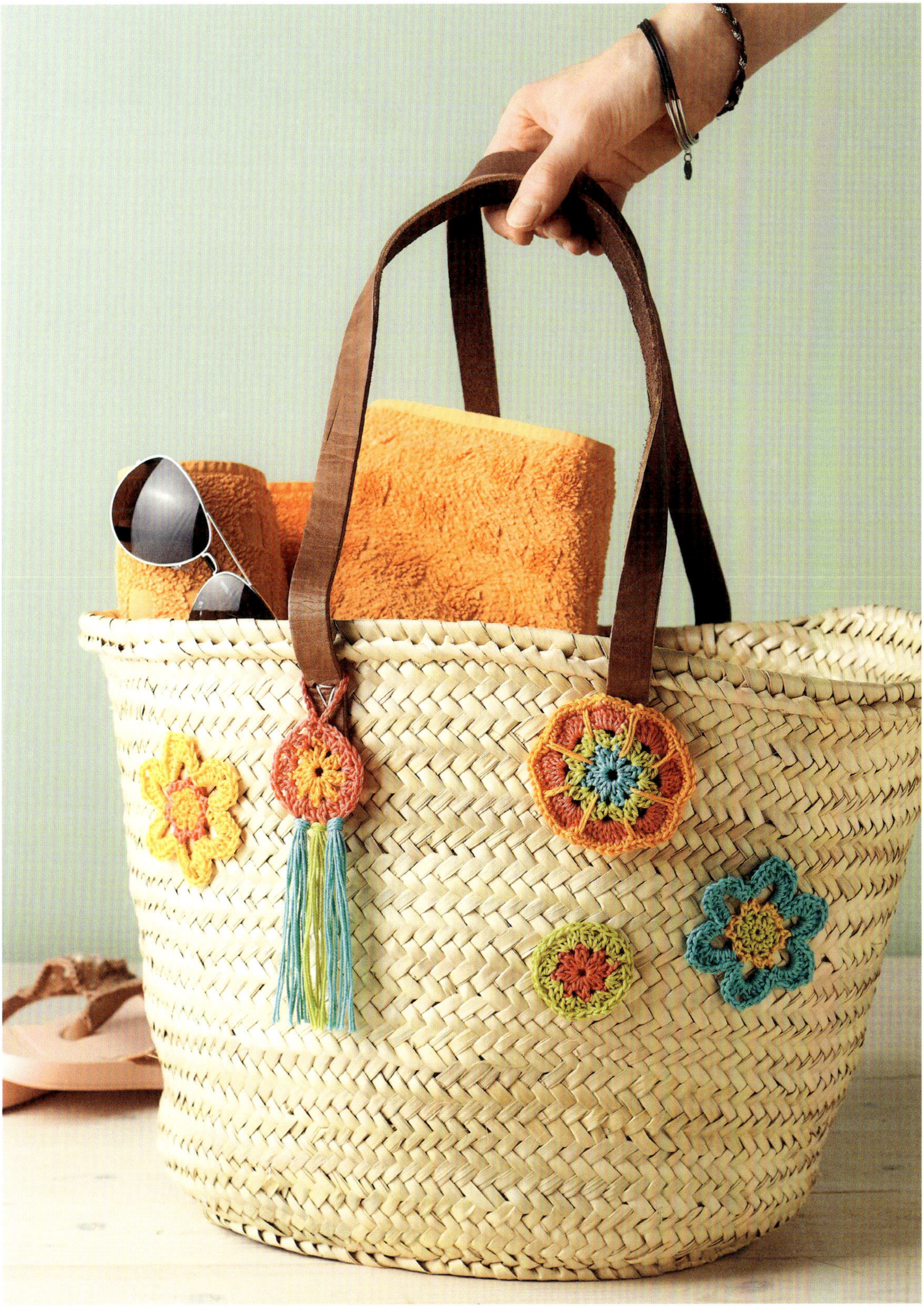

LUFTIGER **SCHAL**

filigran und doch wärmend

SCHWIERIGKEIT 3

GRÖSSE

Schal: 165 cm x 42 cm
Granny (gespannt): ø 14 cm

MATERIAL

- Schachenmayr wool4-future (LL 165 m/50 g) in Teal (Fb 65), Polar Blue (Fb 55) und Light Grey (Fb 90), je 150 g
- Häkelnadel 4,0 mm

ANLEITUNG

GRANNYS

Das Dreieck 2 (siehe S. 14) insgesamt 60x in folgenden Fb anfertigen: 19 Grannys in Light Grey, 21 Grannys in Teal und 20 Grannys in Polar Blue.

GRANNYS VERBINDEN

Die Dreiecke anfeuchten, gleichmäßig auf eine Größe von ca. ø 14 cm spannen und gut trocknen lassen. Die fertigen Grannys entsprechend der Abbildung anordnen und zusammennähen. Dabei darauf achten, dass jeweils 2 M exakt nebeneinander liegen.

FERTIGSTELLEN

Das Tuch mit fM umhäkeln, dabei die Garn-Fb entsprechend den Fb der Grannys anpassen.

1. Rd: 1 Lm, dann in jede M 1 fM häkeln. In die äußeren Ecken jeweils (1 fM, 1 Lm, 1 fM) in 1 M arbeiten. Die Rd mit 1 Km schließen. Den Faden trennen und durchziehen. Alle Fäden vernähen.

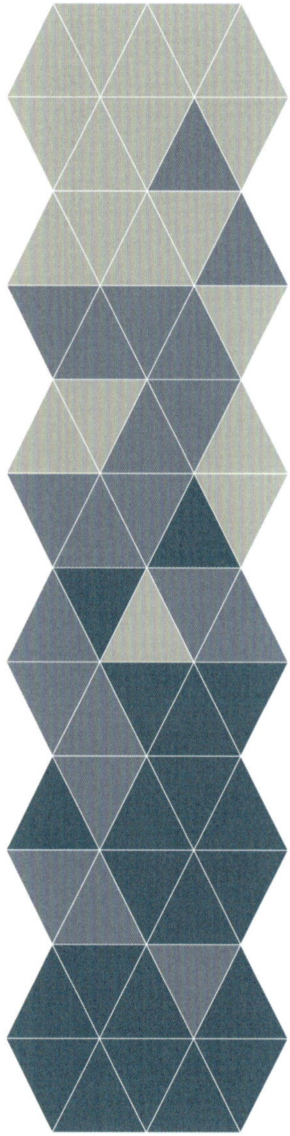

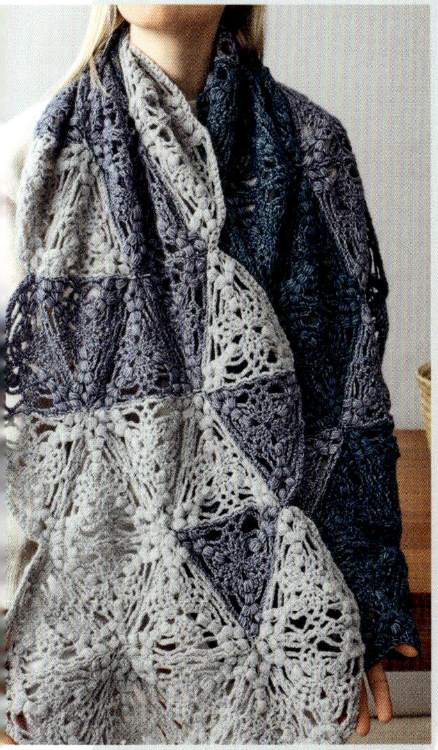

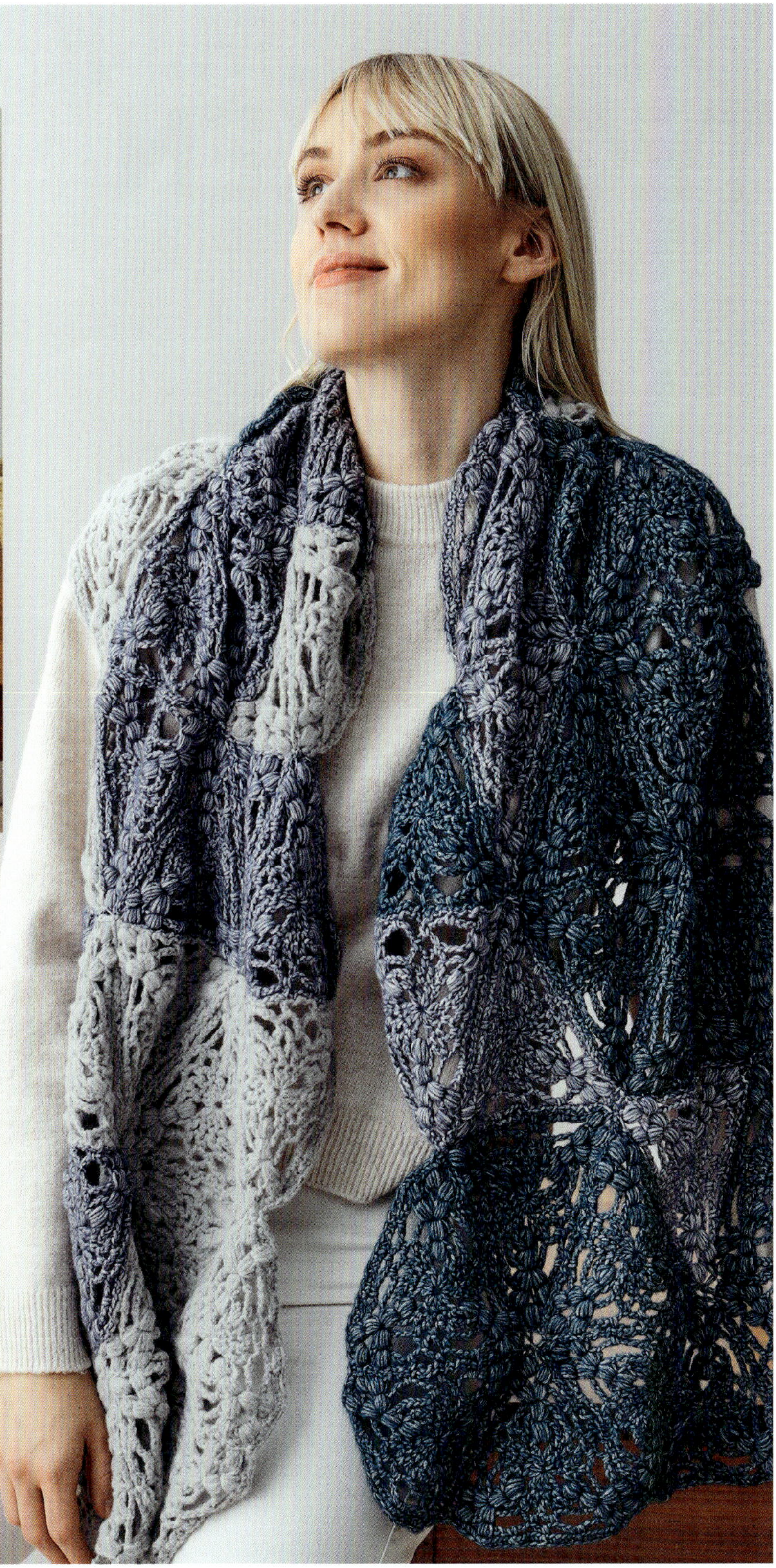

DIE WICHTIGSTEN **TECHNIKEN**

ANFANG MIT MAGIC-RING

Der große Vorteil dieser Methode besteht darin, dass die Größe der Öffnung variabel ist. Wenn der Ring zusammengezogen wird, verteilen sich die Maschen der 1. Runde schön gleichmäßig um die Öffnung.

1 Das Fadenende liegt in der rechten Hand. Den Arbeitsfaden mit der linken Hand von vorne über das Fadenende legen, sodass sich die Fäden kreuzen.

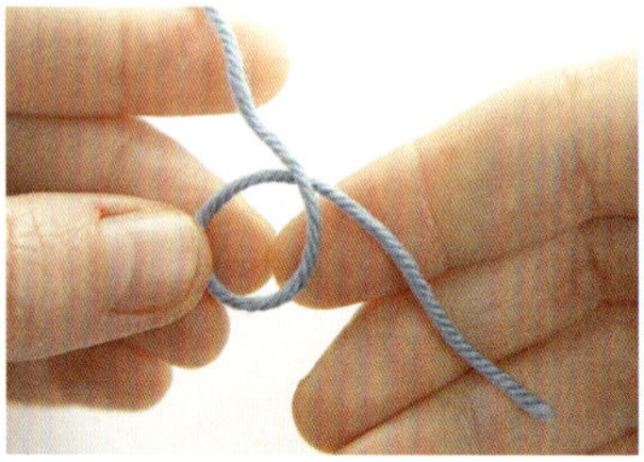

2 Dann den Arbeitsfaden mit den Fingern von hinten nach vorne durch die Schlinge holen.

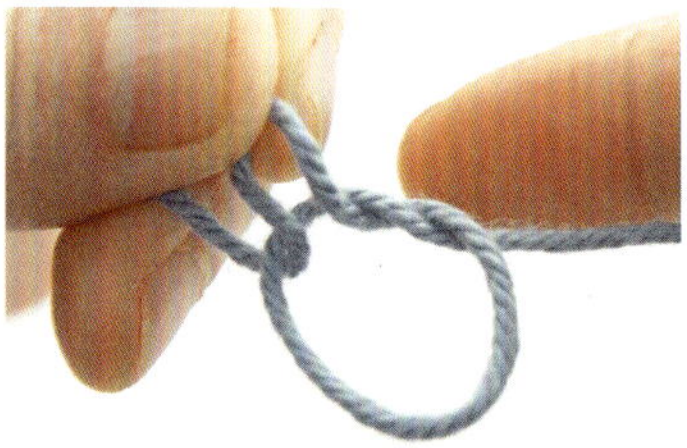

3 Oberhalb des Fadenringes entsteht so eine Schlaufe, in die die Häkelnadel eingestochen werden kann. Der Ring bleibt offen (kann aber durch Ziehen am Fadenende verkleinert werden) und die gebildete Schlaufe wird mit dem Arbeitsfaden etwas zusammengezogen, damit sie direkt am Fadenring liegt.

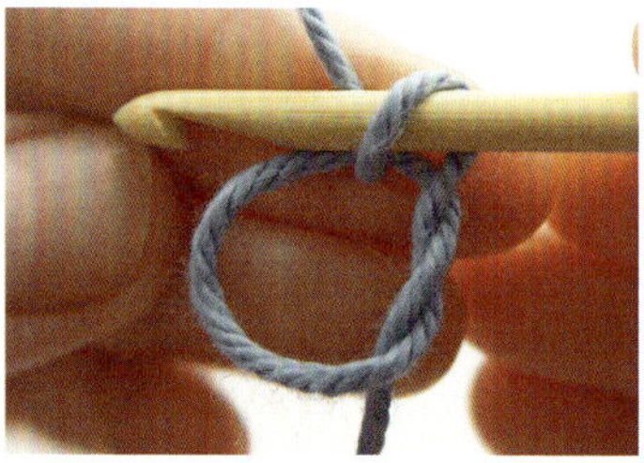

4 Nun kann mit den für die Maschen der 1. Runde erforderlichen Steigeluftmaschen begonnen werden. Die Maschen der 1. Runde werden um den einfachen Fadenring gehäkelt.

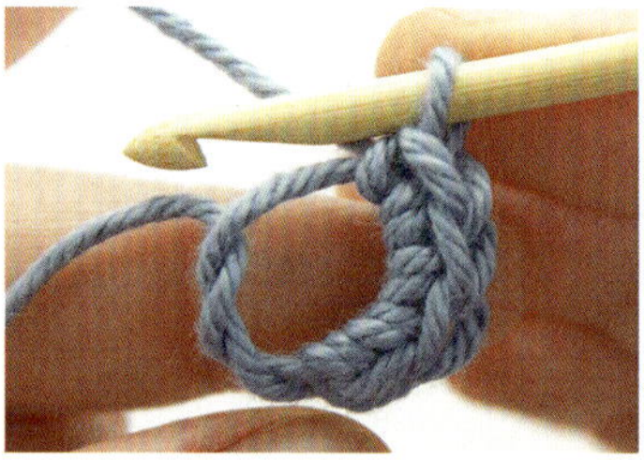

5 Ist die gewünschte Maschenzahl für die 1. Runde gehäkelt, den Fadenring durch Ziehen am Fadenende zusammenziehen und so die Größe der Mittelöffnung anpassen.

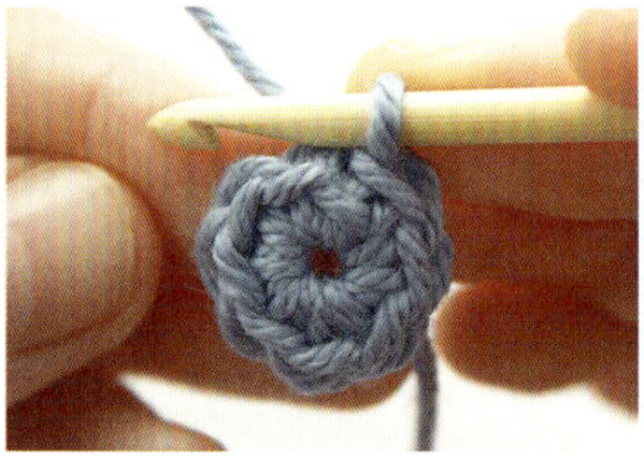

ANFANG MIT LUFTMASCHEN-RING

Zuerst eine Luftmaschenkette anschlagen. Diese mit 1 Kettmasche zur Runde schließen, d.h. die Luftmaschenkette zu einem Kreis legen, in die letzte Luftmasche einstechen und den Faden durch die Luftmasche und danach durch die Schlinge auf der Nadel ziehen. Anfang und Ende der Luftmaschenkette sind nun verbunden.

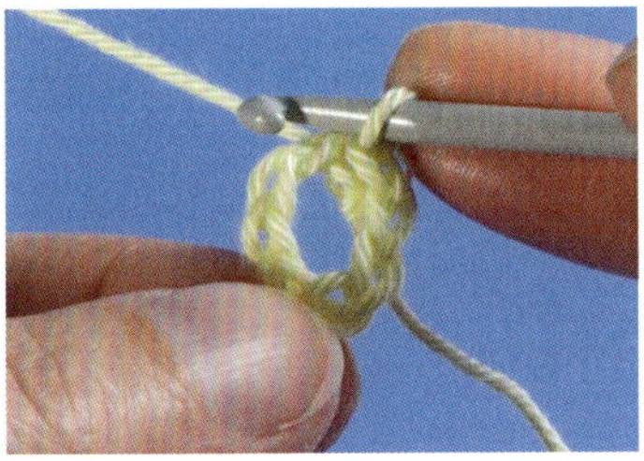

IN GESCHLOSSENEN RUNDEN HÄKELN

Bei Runden aus festen Maschen ist die 1. Masche die 1. feste Masche, die Steigeluftmasche am Anfang zählt nicht als Masche. Wenn in der Anleitung nicht anders angegeben, sticht man unter den beiden oberen Maschengliedern ein.

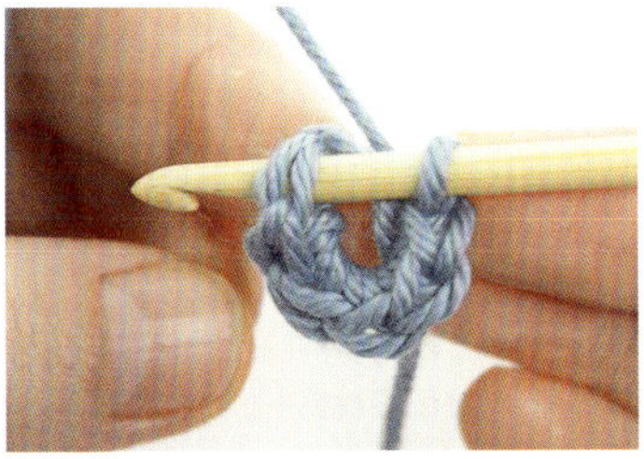

Bei höheren Maschen wird die Kettmasche in die oberste Steigeluftmasche gehäkelt. Es ist am bequemsten, in das hintere Maschenglied und die Querrippe einzustechen, sodass die Vorderseite der Luftmaschen sichtbar bleibt.

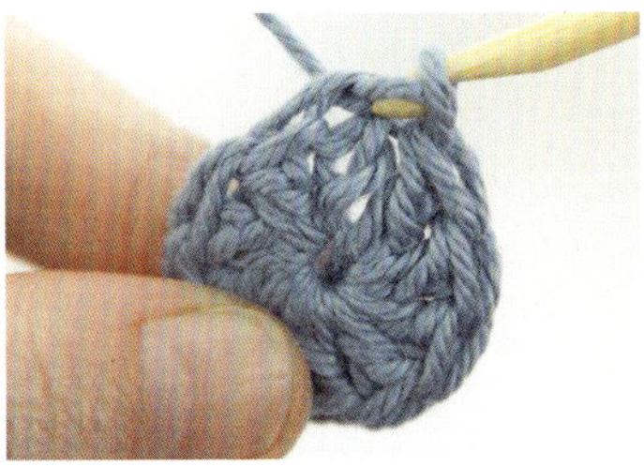

TIEFER GESTOCHENE FESTE MASCHEN

1 Soll z.B. 3 Reihen tiefer eingestochen werden, so zählt man an der folgenden Masche der Vorreihe beginnend 3 Reihen senkrecht nach unten. In diese Masche einstechen ...

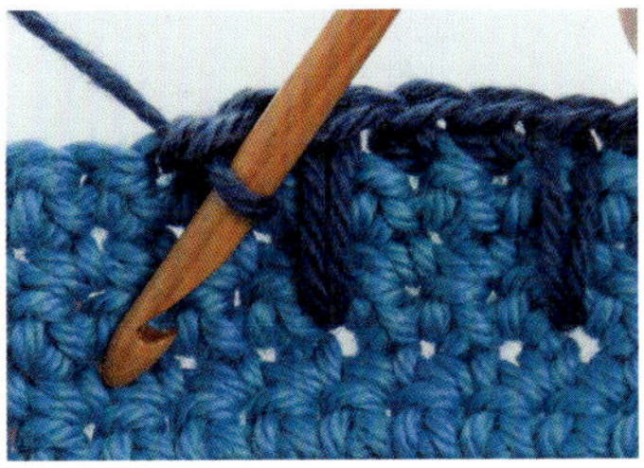

2 ... den Faden durchholen und die Schlinge bis zur oberen Häkelkante nach oben ziehen.

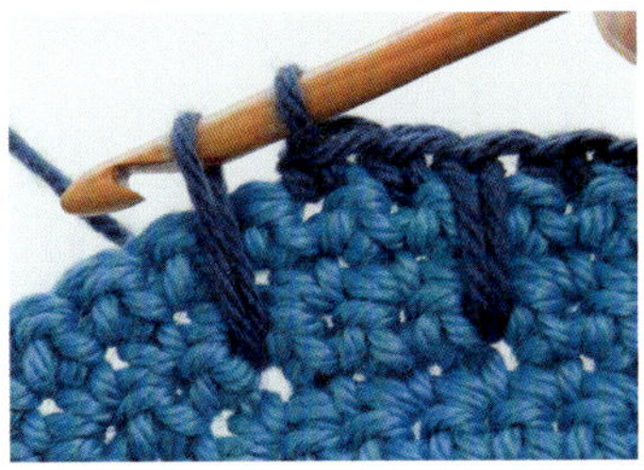

3 Danach die feste Masche wie gewohnt abmaschen. Die Schlinge der tiefer gearbeiteten Masche liegt auf der Vorder- und auf der Rückseite.

TIPP Den Faden immer gleichmäßig locker nach oben ziehen.

DOPPEL-STÄBCHEN

1 Eine Luftmaschenkette und 4 Wendeluftmaschen zusätzlich anschlagen. Dann 2 Umschläge auf die Nadel nehmen und in die 5. Luftmasche von der Nadel aus einstechen. Den Faden holen und durch die Masche ziehen. Es liegen 4 Schlingen auf der Nadel. Den Faden erneut holen ...

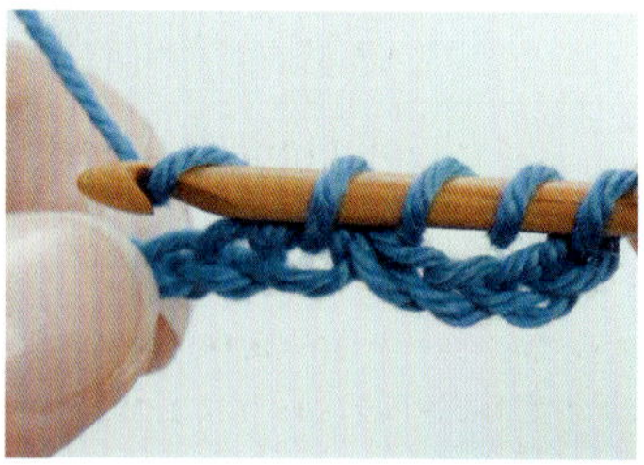

2 ... und durch die ersten 2 Schlingen ziehen. Es liegen noch 3 Schlingen auf der Nadel. Den Faden wieder holen ...

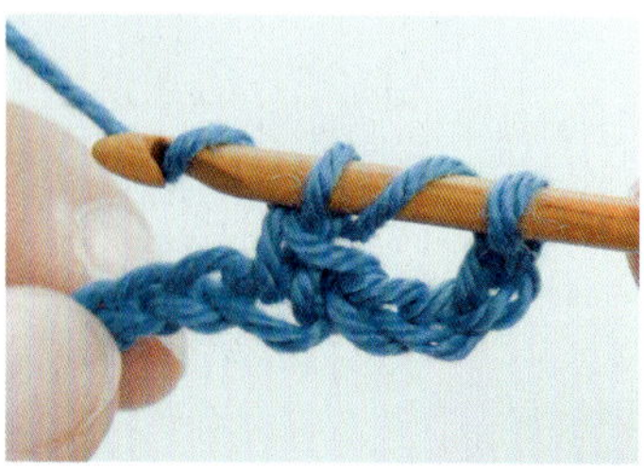

3 ... und erneut durch die ersten 2 Schlingen ziehen. Es liegen noch 2 Schlingen auf der Nadel. Den Faden holen ...

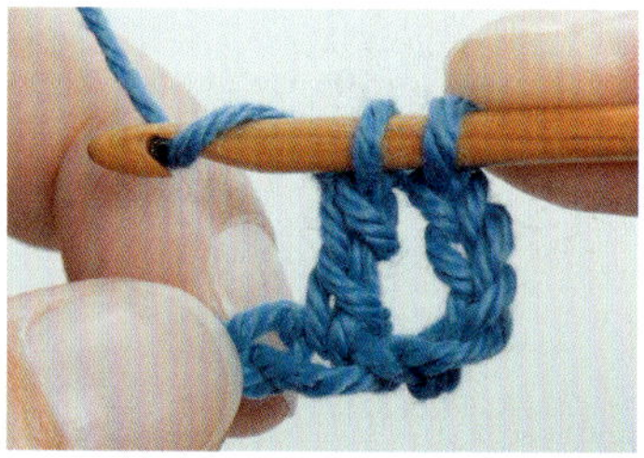

4 ... und durch die übrigen 2 Schlingen ziehen. Danach liegt nur noch die Arbeitsschlinge auf der Nadel. Am rechten Rand liegen die 4 Wendeluftmaschen.

RELIEF-STÄBCHEN VON HINTEN

1 1 Umschlag auf die Nadel nehmen und von hinten nach vorne und wieder nach hinten um das folgende Stäbchen so einstechen, dass der Stäbchenhals hinter der Häkelnadel liegt. Das Stäbchen wölbt sich nach hinten. Den Faden holen und vor dem Stäbchen durchziehen. Es liegen nun 3 Schlingen auf der Nadel.

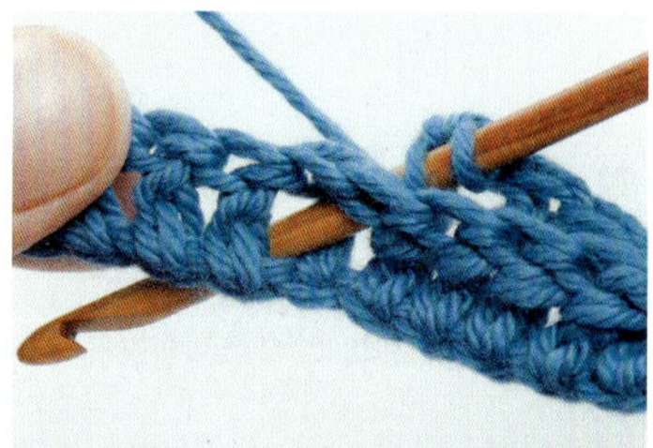

2 Nun das Stäbchen wie gewohnt abmaschen. Die oberen Maschenglieder des Stäbchens der Vorreihe liegen vorne.

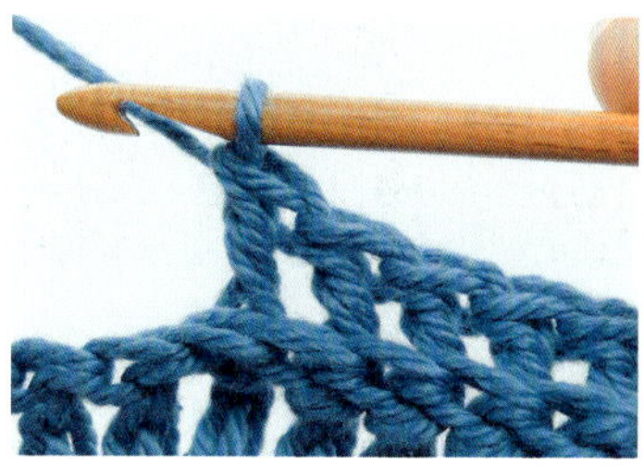

HINWEIS Halbe Reliefstäbchen von hinten werden nach dem gleichen Prinzip gehäkelt.

RELIEF-STÄBCHEN VON VORNE

1 Umschlag auf die Nadel nehmen und von vorne nach hinten und wieder nach vorne um das folgende Stäbchen so einstechen, dass der Stäbchenhals vor der Häkelnadel liegt. Das Stäbchen wölbt sich nach vorne. Den Faden holen und hinter dem Stäbchen durchziehen. Es liegen nun 3 Schlingen auf der Nadel.

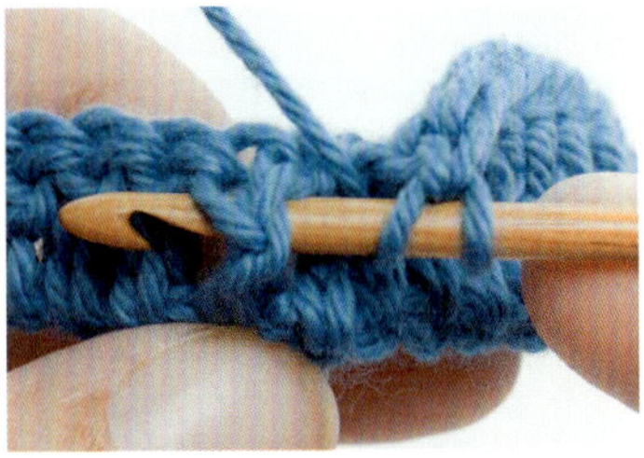

2 Nun das Stäbchen wie gewohnt abmaschen.

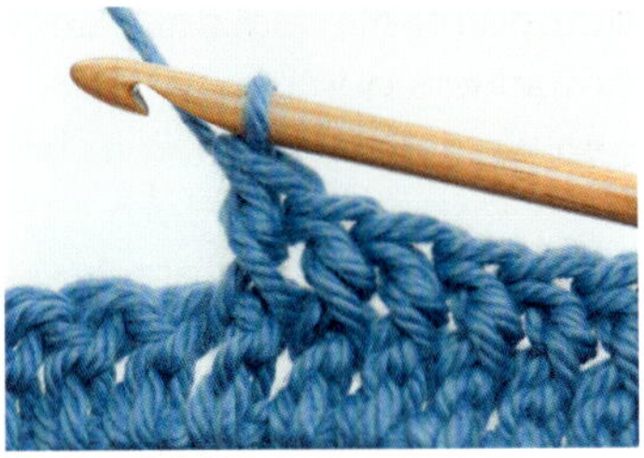

3 Die oberen Maschenglieder des Stäbchens der Vorreihe liegen hinten.

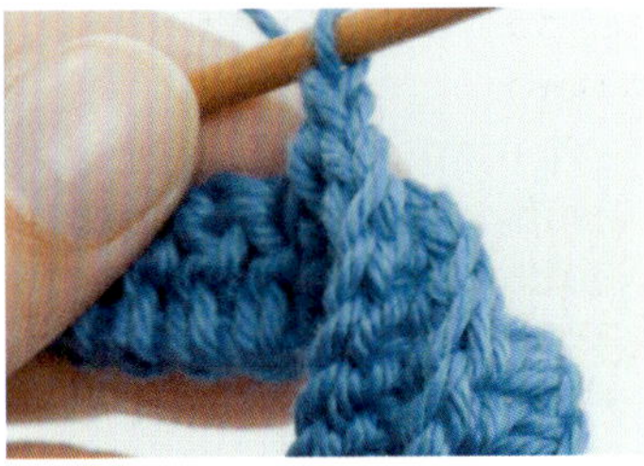

HINWEIS Halbe Reliefstäbchen von vorne werden nach dem gleichen Prinzip gehäkelt.

BÜSCHELMASCHEN

1 1 Umschlag auf die Nadel nehmen, in die Masche einstechen und den Faden durchholen.

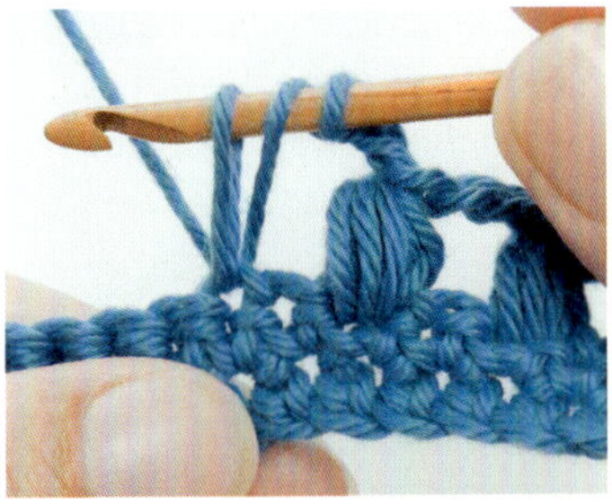

2 Nun 1 Umschlag auf die Nadel nehmen, in dieselbe Einstichstelle wie zuvor einstechen und den Faden durchholen. Den Vorgang wiederholen bis 7, 9 oder 11 Maschen auf der Nadel liegen: 2 Schlingen für jedes halbe Stäbchen und 1 Arbeitsschlinge.

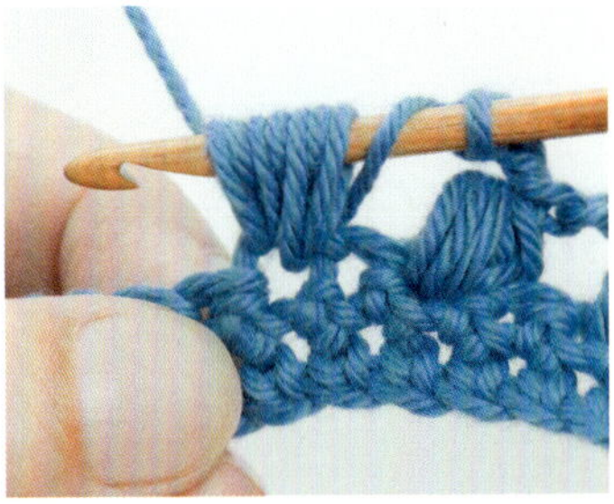

3 Zuletzt den Faden erneut holen und ihn durch alle Schlingen auf der Nadel ziehen.

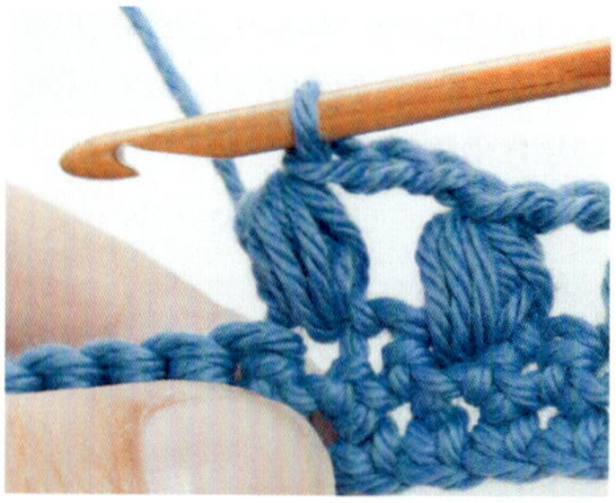

JASMINSTICH IN RUNDEN

1. RUNDE

1 5 Luftmaschen locker anschlagen und mit 1 Kettmasche zum Ring schließen. Die Arbeitsschlinge groß ziehen (ca. 1 cm hoch). 1 offene Büschelmasche * (= 1 Umschlag auf die Nadel nehmen, in den Ring einstechen, den Faden durchholen. Ab * noch 2x wiederholen). Es liegen 7 Schlingen auf der Nadel.

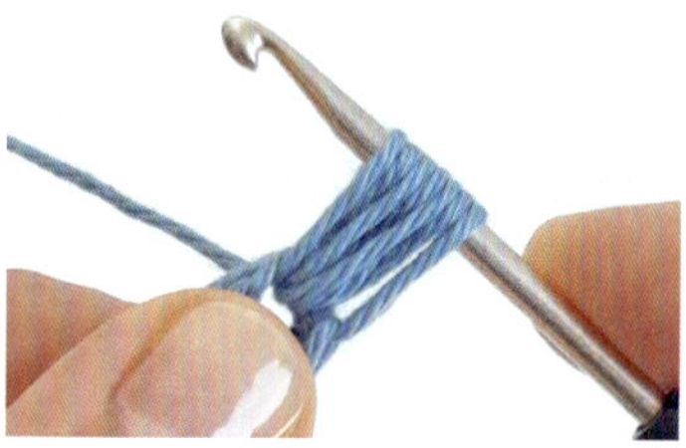

2 Den Arbeitsfaden mit dem Daumen und dem Zeigefinger festhalten, den Faden holen und durch alle Schlingen auf der Nadel ziehen.

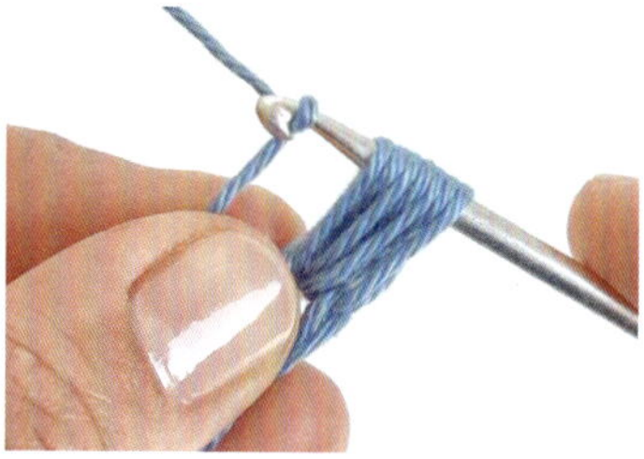

3 Den Arbeitsfaden dabei nicht loslassen, sondern durch diese Schlaufe noch 1 feste Masche häkeln. Die Schlingen sind nun abgemascht. Dann 1 Luftmasche arbeiten.

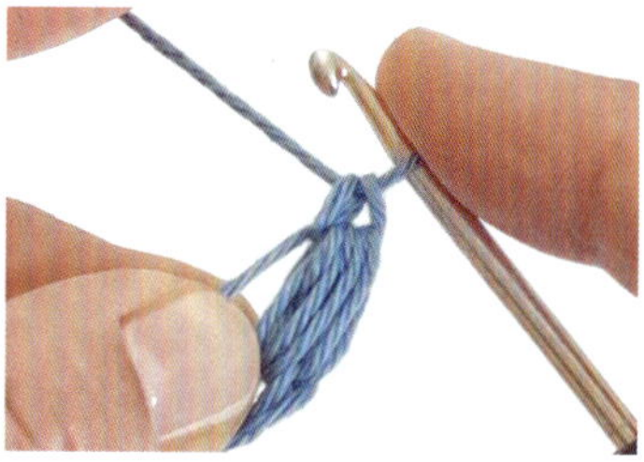

4 * Die Arbeitsschlinge groß ziehen (ca. 1 cm hoch). 1 offene Büschelmasche in die zuletzt gehäkelte feste Masche arbeiten. Dann 1 offene Büschelmasche in den Ring häkeln. Nun liegen 13 Schlingen auf der Nadel. Den Arbeitsfaden mit dem Daumen und dem Zeigefinger festhalten und den Faden durch alle auf der Nadel befindlichen Schlingen ziehen. Den Arbeitsfaden dabei nicht loslassen, sondern durch diese Schlaufe noch 1 feste Masche häkeln. Dann 1 Luftmasche arbeiten.

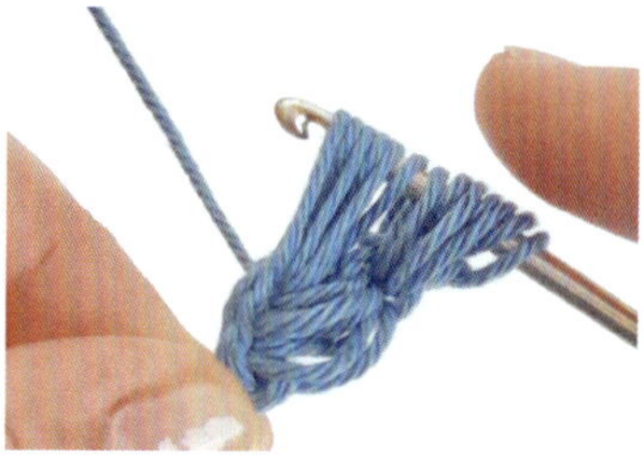

5 Ab * noch 4x wiederholen. Zum Schluss 1 offene Büschelmasche in die zuletzt gehäkelte feste Masche, 1 Luftmasche. Die Runde mit 1 Kettmasche in die 1. Büschelmasche schließen.

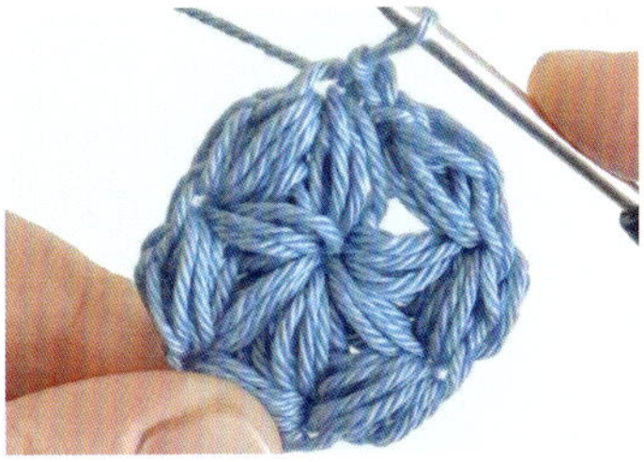

2. RUNDE

1 1 offene Büschelmasche in dieselbe Masche wie die Kettmasche der letzten Runde häkeln, 7 Schlingen abmaschen, 1 Luftmasche.

2 Dann * 1 offene Büschelmasche in die zuletzt gehäkelte feste Masche, 1 offene Büschelmasche in die folgende Masche der Vorrunde, 13 Schlingen abmaschen, 1 Luftmasche.

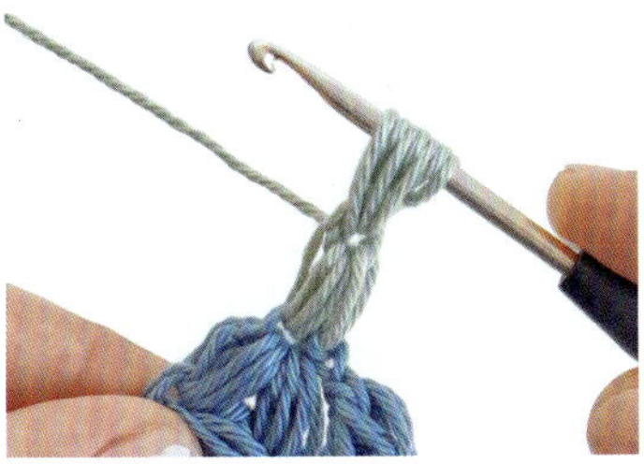

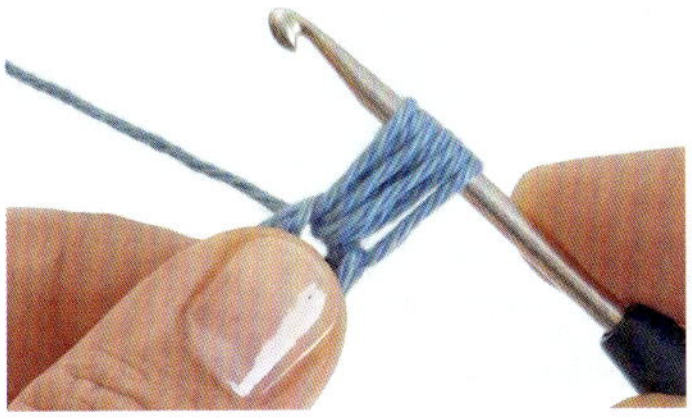

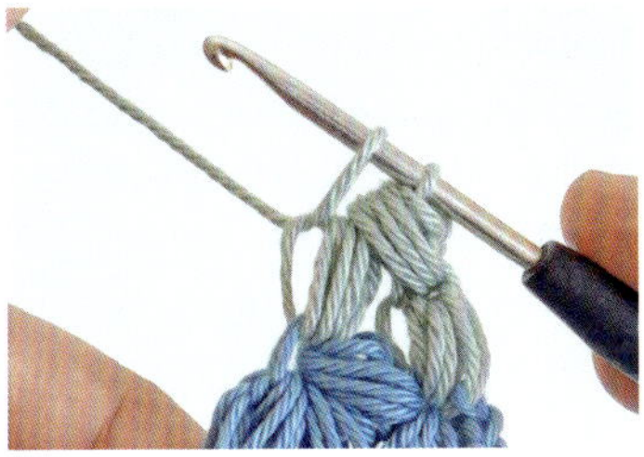

3 Weiter 1 offene Büschelmasche in die zuletzt gehäkelte Masche, 1 offene Büschelmasche in dieselbe Masche, 13 Schlingen abmaschen, 1 Luftmasche.

MASCHEN ZUSAMMEN ABMASCHEN

Halbe Stäbchen, Stäbchen und alle weiteren Maschenarten werden zusammen abgemascht, indem jede Masche, die mit anderen zusammen abgemascht werden soll, bis auf die letzte Schlinge abgemascht wird.

1 Auf der Nadel liegen für jede Masche 1 letzte Schlinge und zusätzlich die Arbeitsschlinge.

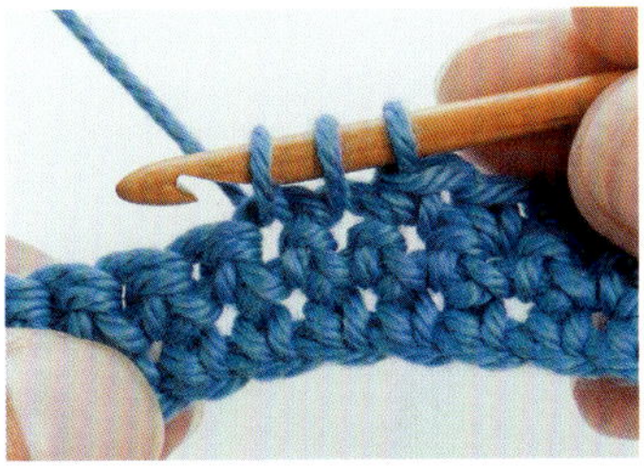

2 Dann den Faden holen und alle auf der Nadel befindlichen Schlingen zusammen abmaschen.

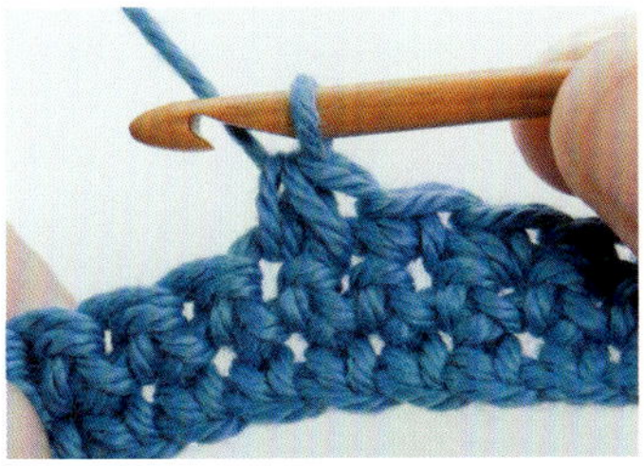

MASCHEN VERDOPPELN

2 (feste) Maschen in eine Einstichstelle häkeln. Die Maschenzahl erhöht sich bei jeder Verdoppelung um 1 Masche.

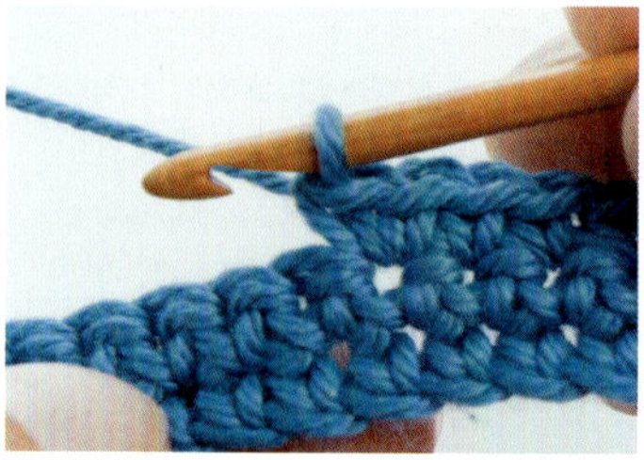

FRANSEN EINKNÜPFEN

Die Fäden sollten ungefähr die doppelte Länge der fertigen Fransen haben plus 1-2 cm für den Knoten. Die gewünschte Anzahl an Fäden zuschneiden und diese zur Hälfte legen. Von vorne in die Masche stechen, die zugeschnittenen Fäden mit der Nadel in der Mitte erfassen und so weit durch die Masche holen, dass eine Schlaufe entsteht. Die Enden der Fäden durch diese Schlaufe ziehen und festziehen. Zuletzt die Fransen auf eine Länge schneiden.

GRANNY-SQUARES VERBINDEN

Wenn Sie Kissen, Kleidungsstücke oder Ähnliches aus mehreren Granny Squares herstellen, müssen diese miteinander verbunden werden. Grannys lassen sich auf unterschiedlichste Weise verbinden und am Ende ist es Geschmacksache, welche Art man verwendet.
Hier vier gängige Methoden:

MIT KETTMASCHEN ZUSAMMENHÄKELN

Wenn Sie Grannys mit Kettmaschen verbinden, entsteht eine dekorative Naht. Diese sieht besonders hübsch bei Kissen, Decken o. ä. Häkelstücken aus. Die Naht wölbt sich ein wenig nach oben, deshalb sollten die Kettmaschen locker gehäkelt werden. Am Ende kann die Naht vorsichtig mit dem Bügeleisen glatt gebügelt werden. Die Grannys mit der rechten Seite nach oben nebeneinander legen. Dabei darauf achten, dass sich die Maschen der letzten Runde gegenüber liegen. Einen neuen Faden an der äußeren Masche eines Grannys anschlagen und mit der Häkelnadel in die inneren Maschenglieder der beiden gegenüberliegenden Maschen einstechen und eine Kettmasche häkeln. Dies so oft wiederholen, bis die Quadrate miteinander verbunden sind.

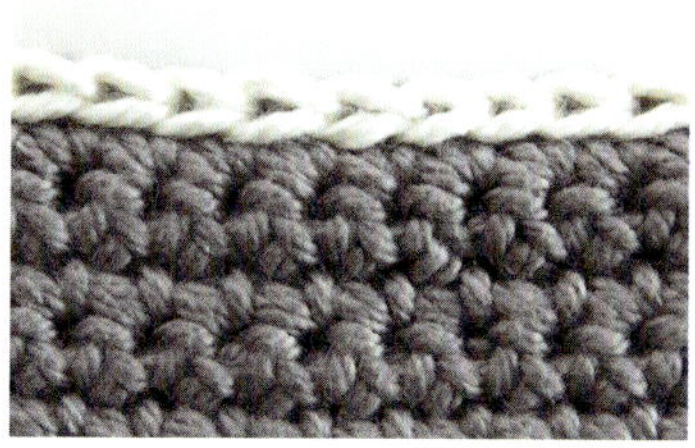

MIT ÜBERWENDLINGSSTICH ZUSAMMENNÄHEN

Die Grannys mit der rechten Seite nach oben nebeneinander legen. Dabei darauf achten, dass sich die Maschen der letzten Runde gegenüber liegen. * Nun mit der Nähnadel durch beide inneren Maschenglieder der gegenüberliegenden Maschen stechen und den Faden durchholen. Ab * in dieselbe Richtung fortlaufend wiederholen.

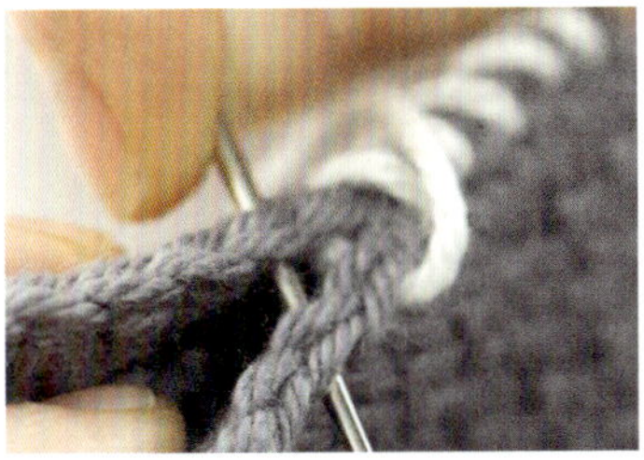

HINWEIS Man kann auch durch beide Maschenglieder der jeweiligen Masche stechen, dann wird die Naht fester (z. B. für Taschen).

ALS FLECHTNAHT ZUSAMMENNÄHEN

Die Grannys mit der rechten Seite nach oben nebeneinander legen. Dabei darauf achten, dass sich die Maschen der letzten Runde gegenüber liegen. * Nun mit der Nähnadel durch beide inneren Maschenglieder der gegenüberliegenden Maschen stechen und den Faden von links nach rechts durchholen. In den nächsten beiden Maschen den Faden von rechts nach links durchholen. Ab * fortlaufend wiederholen.

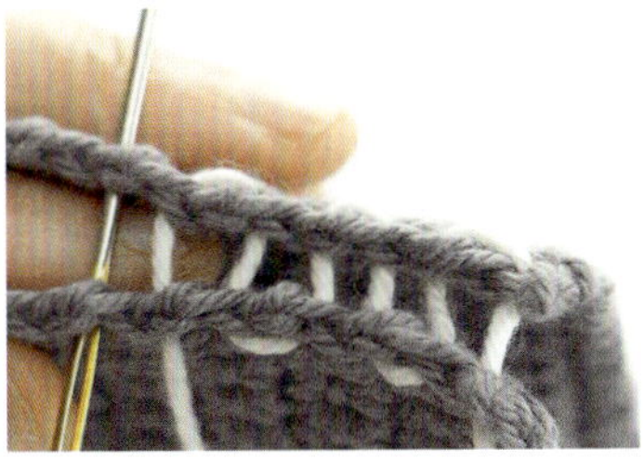

HINWEIS Man kann auch durch beide Maschenglieder der jeweiligen Masche stechen, dann wird die Naht fester (z. B. für Taschen).

MIT MATRATZENSTICH ZUSAMMENNÄHEN

Die Grannys rechts auf rechts aufeinander legen. Dabei darauf achten, dass die Maschen der letzten Runde deckungsgleich sind. Mit der Nadel nicht durch die äußeren Maschenglieder des Grannys, sondern 1 Masche vom Rand entfernt von vorne nach hinten durch beide Grannys einstechen. Am hinteren Granny 1 Masche nach links gehen und nun von hinten nach vorne durch beide Grannys einstechen. Am vorderen Granny – aber nicht gegenüber, sondern in die Ausstichstelle des letzten Stichs – einstechen. Nun am vorderen Granny 1 Masche weiter links einstechen und durch die Ausstichstelle des hinteren Grannys wieder einstechen. Diese beiden Schritte fortlaufend wiederholen. So werden die Grannys zickzackförmig miteinander verbunden.

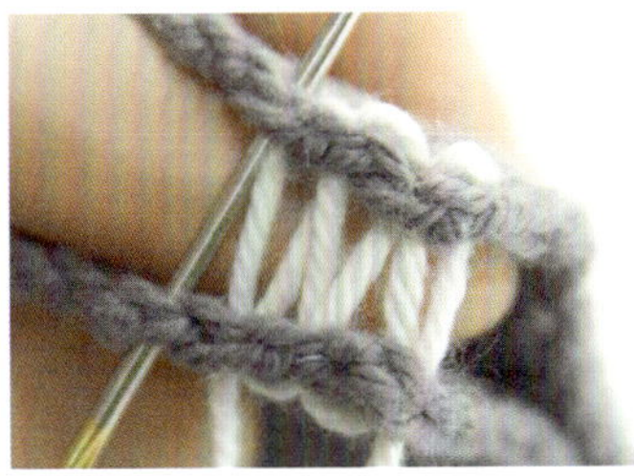

BUCHEMPFEHLUNGEN FÜR DICH

Noch mehr kreative Bücher zum gleichen Thema gesucht?

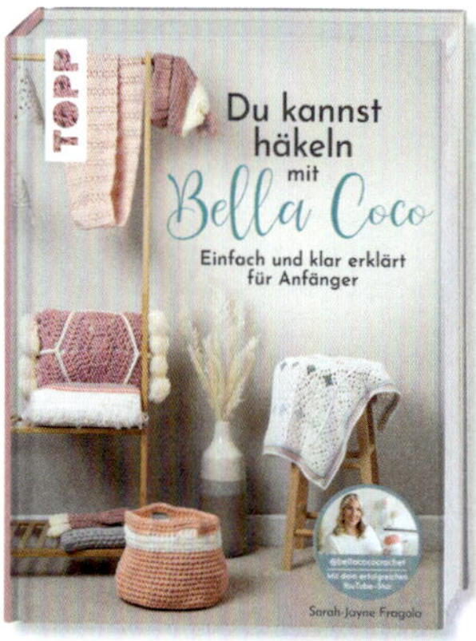

ISBN 978-3-7358-7030-8

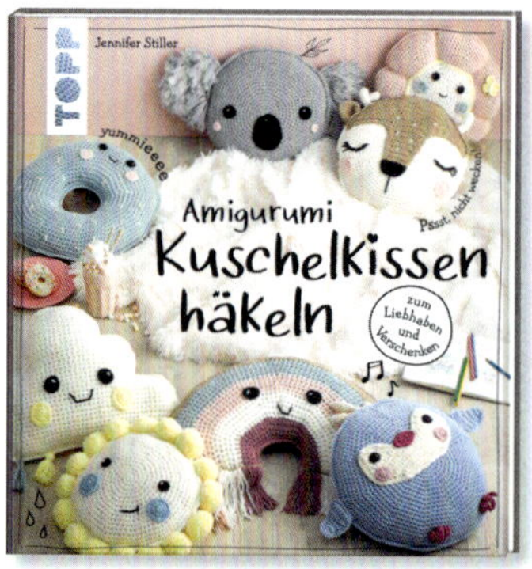

ISBN 978-3-7358-7013-1

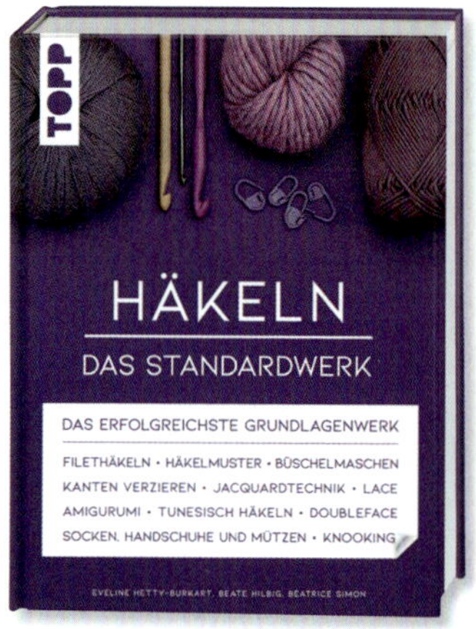

ISBN 978-3-7724-4885-0

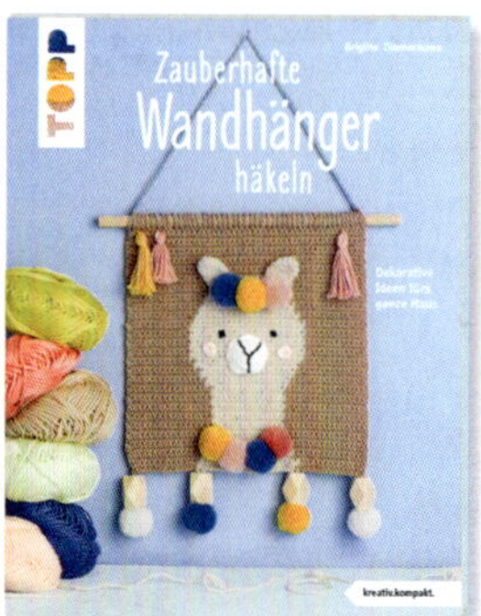

ISBN 978-3-7724-6853-7

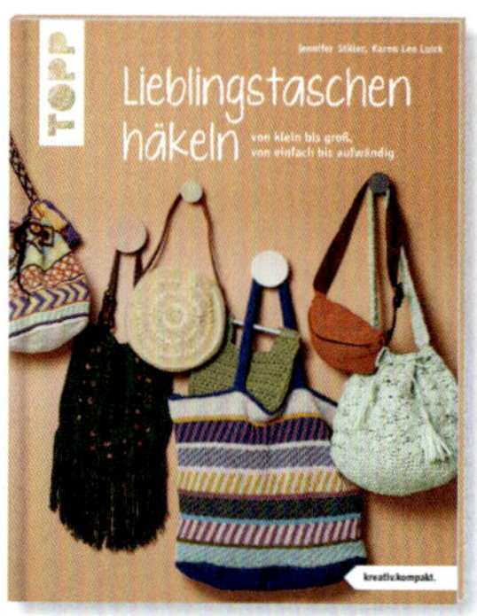

ISBN 978-3-7724-6851-3

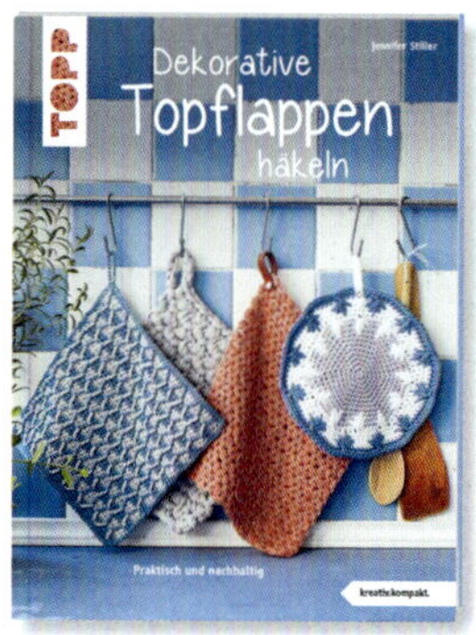

ISBN 978-3-7724-6854-4

Noch mehr Kreativ-Bücher findest du auf www.TOPP-kreativ.de

ENTDECKE ...

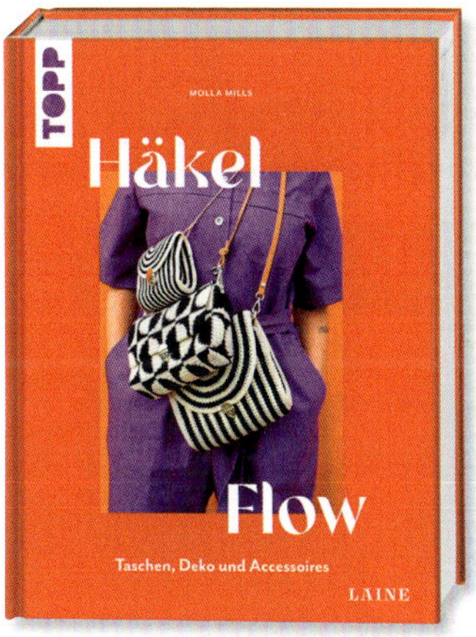

ISBN 978-3-7358-7031-5

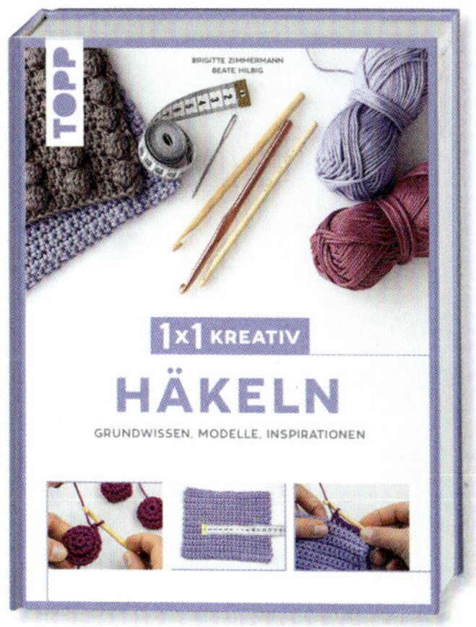

ISBN 978-3-7358-7033-9

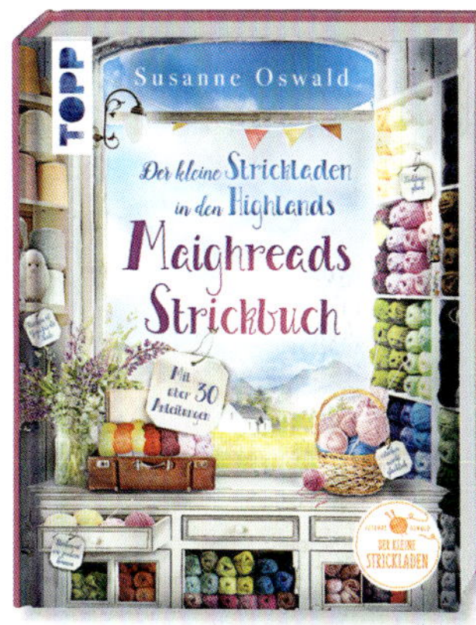

ISBN 978-3-7358-7032-2

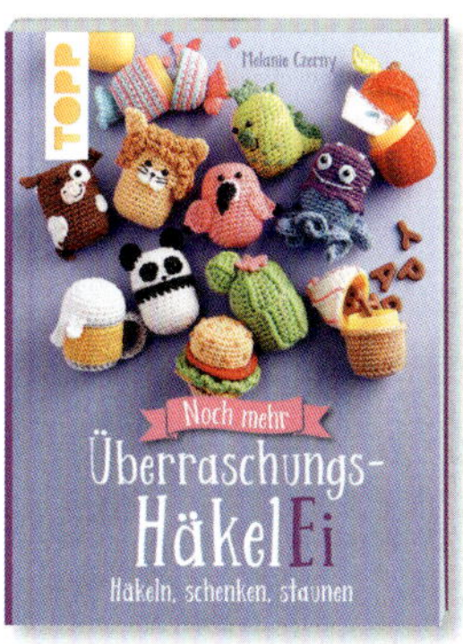

ISBN 978-3-7358-7038-4

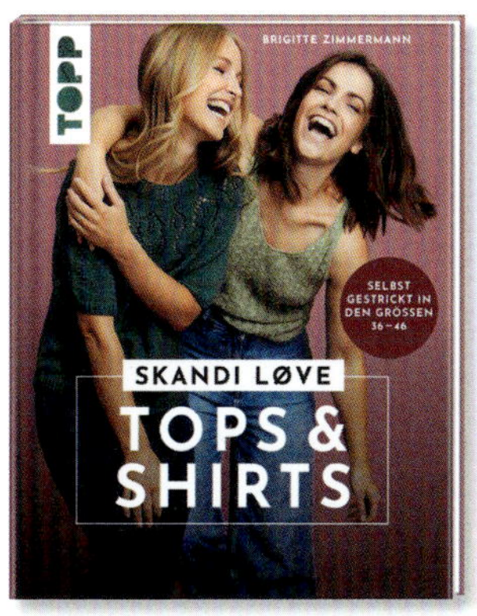

ISBN 978-3-7358-7039-1

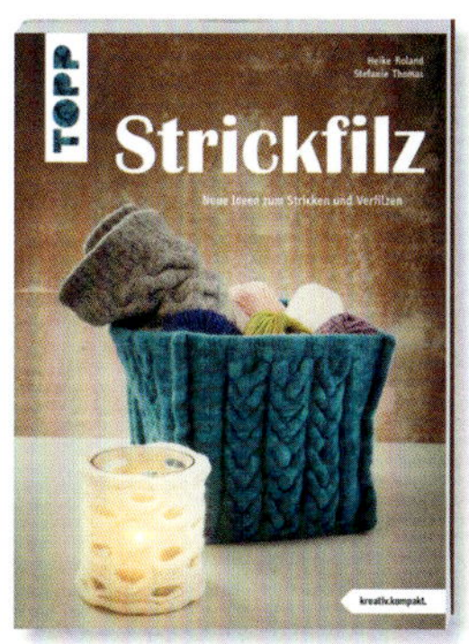

ISBN 978-3-7358-7042-1

#TOPPprojekt

Die eigene Kreativität zeigen: TOPPprojekt mit anderen Kreativen teilen und Teil der Gemeinschaft werden.

DIY-begeistert und auf Instagram? Dann unbedingt mitmachen! Hier gibt's Tipps und Feedback zu den eigenen Projekten. Außerdem verlosen wir jeden Monat ein Überraschungspaket. Um am Gewinnspiel teilzunehmen, einfach ein Bild vom Kreativ-Projekt aus unseren Büchern mit #TOPPprojekt posten und unserem Account @frechverlag folgen. Mehr Infos auf TOPP-kreativ.de/TOPPprojekt

Mach mit beim
#TOPPprojekt
#TOPPprojekt
@frechverlag

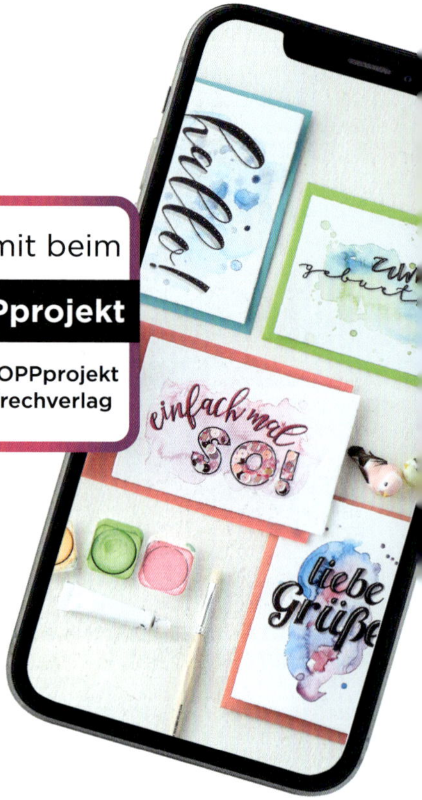

Webseite

Auf TOPP-kreativ.de gibt es ein riesiges Angebot von über 1.000 Kreativbüchern, Sets und mehr zu entdecken.

Newsletter

Immer als Erstes von unseren Neuheiten und Sonderaktionen erfahren: TOPP-kreativ.de/newsletter

Instagram

@frechverlag

Pinterest

pinterest.com/frechverlag

Facebook

facebook.com/frechverlag

DigiBib

Hier gibt es zusätzlich zu einigen unserer Bücher digitale Extras, wie Video-Tutorials, Plotter-Dateien, Vorlagen, Übungsblätter und vieles mehr. Einfach im Impressum eines TOPP-Buchs nachschauen, ob dort ein Code vorhanden ist, und exklusive Inhalte freischalten. TOPP-kreativ.de/digibib

Youtube

youtube.com/frechverlag

WER WIR SIND, WIE WIR ARBEITEN, WAS WIR LIEBEN ...

Mehr über uns und unsere Arbeit und immer mit den neuesten Informationen versorgt schnell und einfach auf Instagram, Facebook und Pinterest.

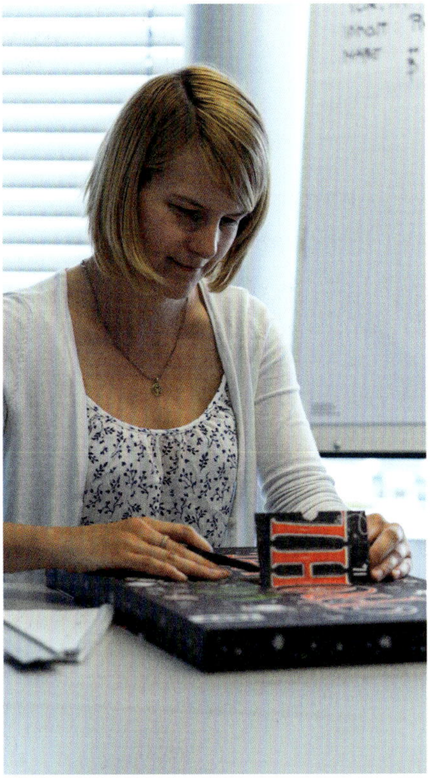

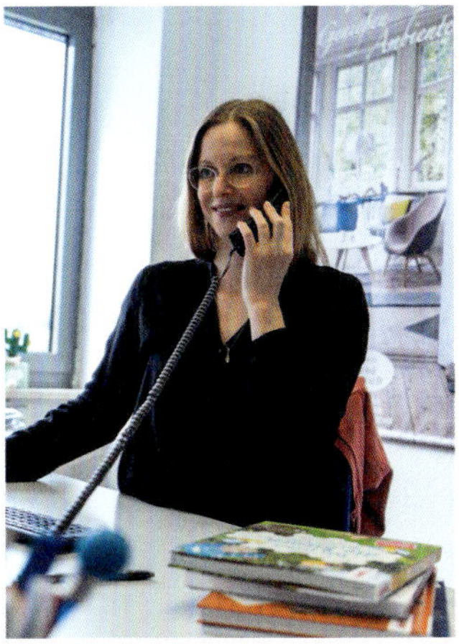

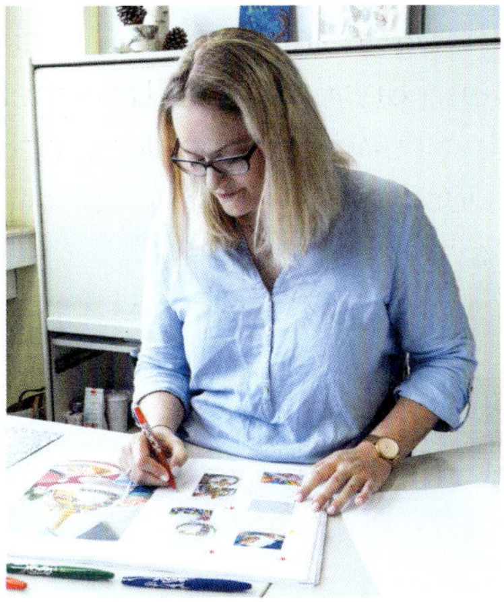

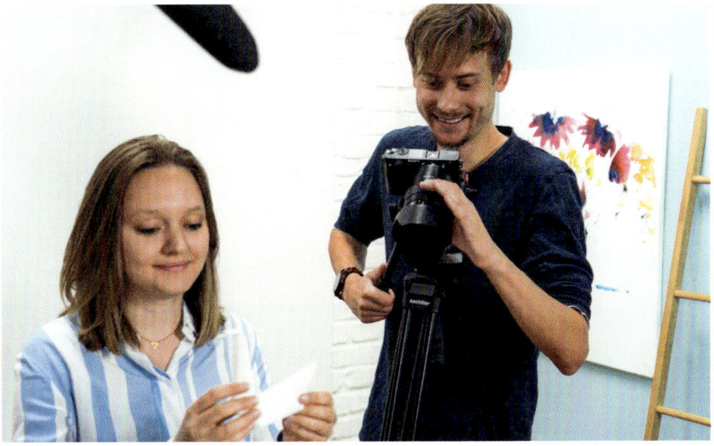

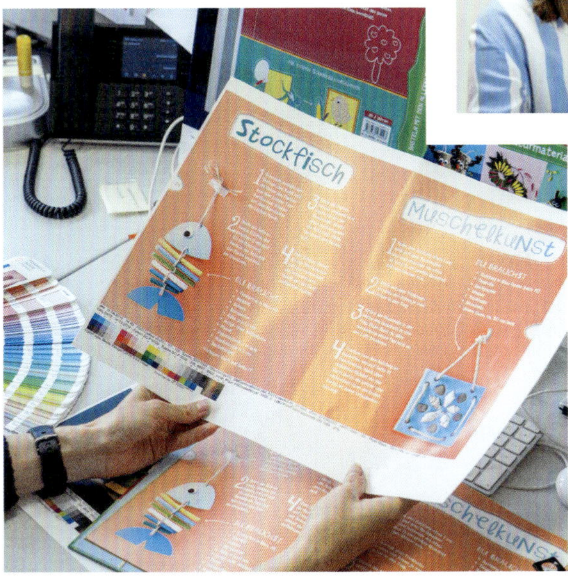

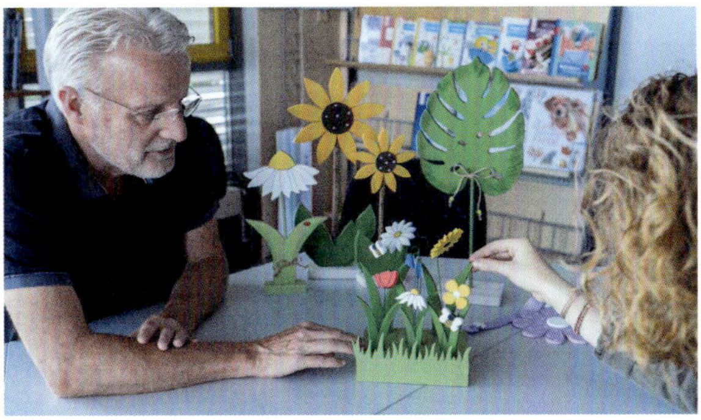

Alle News, alle Infos und alle Links findest du auf www.TOPP-kreativ.de

ABKÜRZUNGEN

anschl = anschlagen
arb = arbeiten
DStb = Doppelstäbchen
Fb = Farbe(n)
fM = feste Masche(n)
Häkelnd = Häkelnadel
hStb = halbe(s) Stäbchen
Km = Kettmasche(n)
LL = Lauflänge
Lm = Luftmasche(n)
M = Masche(n)
Nd = Nadel(n)
R = Reihe(n)
Rd = Runde(n)
Stb = Stäbchen
wdh = wiederholen
U = Umschlag

Hilfestellung zu allen Fragen, die Materialien und Kreativbücher betreffen:
Frau Erika Noll berät Sie. Rufen Sie an oder schreiben Sie eine E-Mail:
Telefon: 07 11 / 12 37 57 20* *normale Telefongebühren
E-Mail: mail@kreativ-service.info

FOTOS: frechverlag GmbH, 70839 Gerlingen, Jennifer Stiller (Seite 100, mittlere und rechte Spalte, Seite 101, linke und mittlere Spalte), lichtpunkt, Michael Ruder, Stuttgart (alle übrigen)

PRODUKTMANAGEMENT: Claudia Mack

LEKTORAT: Petra Puster, Niederpöcking

UMSCHLAG: Eva Hook

LAYOUT UND GESTALTUNG: Petra Theilfarth

DRUCK UND BINDUNG: Neografia, Slowakei

2. Auflage 2023

ISBN 978-3-7358-7043-8 • Best.-Nr. 27043

MIX
Papier | Fördert gute Waldnutzung
FSC® C020353

Penguin Random House Verlagsgruppe
FSC® N001967

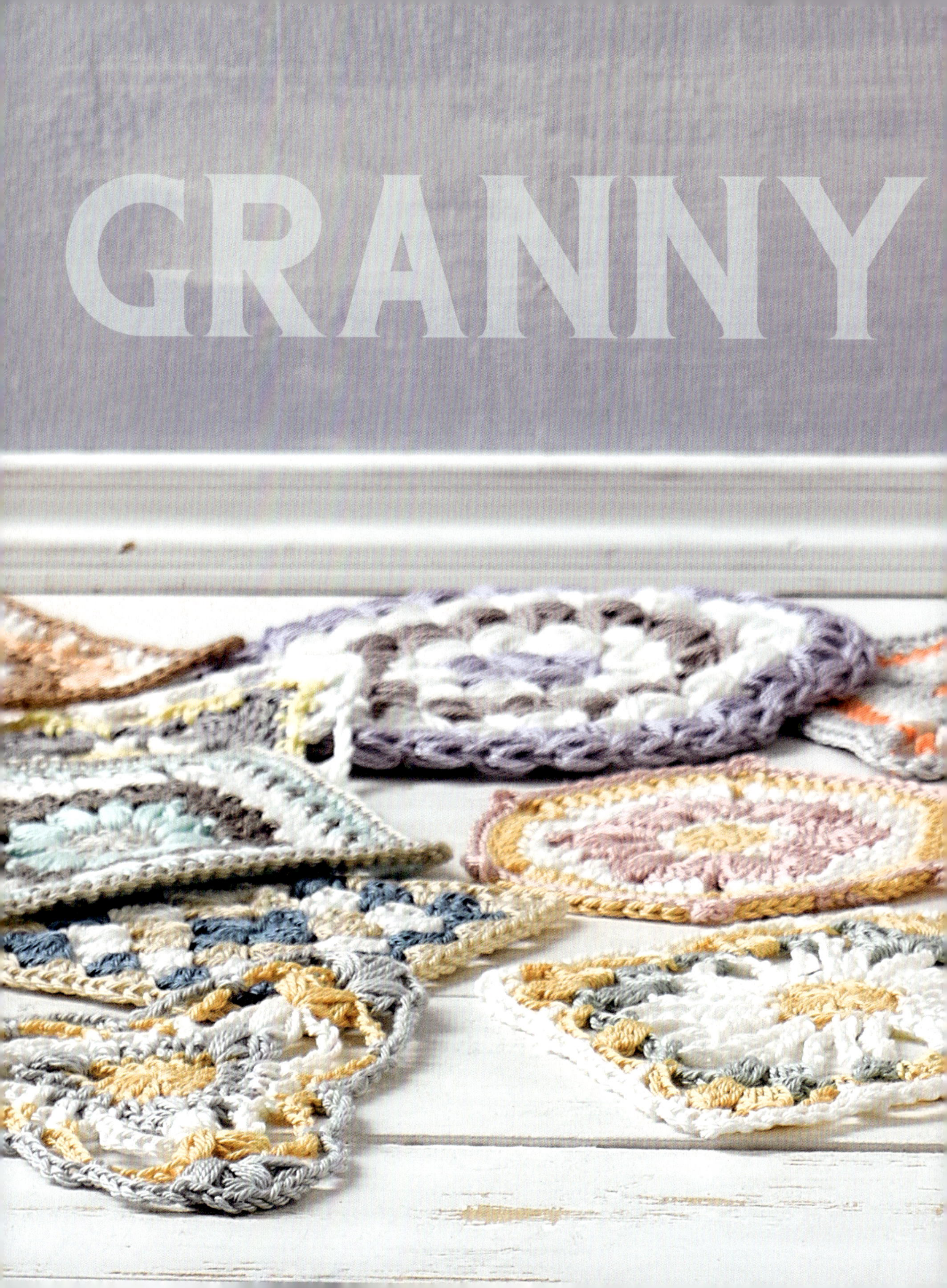
GRANNY